我
们
一
起
解
决
问
题

決断の経営［新装版］

善断
松下幸之助的决策艺术

【日】松下幸之助　著

吴常春　译

人民邮电出版社
北　京

图书在版编目（CIP）数据

善断：松下幸之助的决策艺术 ／（日）松下幸之助
著；吴常春译. -- 北京：人民邮电出版社，2017.6
ISBN 978-7-115-45610-6

Ⅰ. ①善… Ⅱ. ①松… ②吴… Ⅲ. ①松下幸之助（
1894-1989）-商业经营-经验 Ⅳ. ①F715

中国版本图书馆CIP数据核字(2017)第090660号

内 容 提 要

在日常生活和经营事业的过程中，人们都需要做出判断和决策。
当断则断，是生活和事业对我们提出的基本要求；当断不断或者断不
明白，轻则影响个人生活品质的提升，重则耽误企业经营大计。

松下电器创始人、经营之神松下幸之助先生，在其波澜壮阔的一
生中，面临过无数次攸关个人乃至数万人生计的决断时刻，每每遇到
这种时刻，他独特的决策艺术和高超的直觉力都能帮助他做出相对合
理的选择。松下先生一生谦虚谨慎，但在分享个人管理理念和实践经
验的时候，格外地坦诚和无私。本书是松下先生对自己决策艺术的总
结和关键决策案例的分享，其中既有他对决策者个人修养的建议，也
有他对自己数次决策行为的彻底剖析。

无论你是肩负众人生计的经营者，还是只对自己负责的普通人，
这本书都能提升你的决策水平和人生修养。

◆ 著 ［日］松下幸之助
　　 译 吴常春
　　 责任编辑 许文瑛
　　 责任印制 焦志炜
◆ 人民邮电出版社出版发行　　　北京市丰台区成寿寺路 11 号
　　 邮编 100164　电子邮件 315@ptpress.com.cn
　　 网址 https://www.ptpress.com.cn
　　 涿州市殷润文化传播有限公司印刷
◆ 开本：787×1092　1/32
　　 印张：6.5　　　　　　　　　2017 年 6 月第 1 版
　　 字数：100 千字　　　　　2025 年 1 月河北第 24 次印刷
　　 著作权合同登记号　图字：01-2016-8612 号

定 价：39.00 元
读者服务热线：（010）81055656　印装质量热线：（010）81055316
反盗版热线：（010）81055315
广告经营许可证：京东市监广登字 20170147 号

出版者的话

在日本的企业界有四位传奇人物，他们分别是松下的创始人松下幸之助、索尼的创始人盛田昭夫、本田的创始人本田宗一郎和京瓷的创始人稻盛和夫。他们一般被称为日本的"经营四圣"。在这"四圣"之中，松下幸之助更是被尊为"经营之神"。

无论在哪个国家的企业界，能获得成功的企业家都不计其数，但能够提炼出经营之道的企业家却为数不多，能够成为众人推崇的"神圣"级别的人物更是凤毛麟角。松下幸之助无疑在企业界树起了一座丰碑。他不但创立了一家享誉全球的成功企业，而且提出了一套普遍适用于各类企业的经营哲学。

松下幸之助一生获得的荣誉数不胜数。在日本国内，他获得了五次授勋；在国际上，他获得了荷兰、巴西、比利时、西班牙等国家的授勋或爵位。作为仅仅上过四年小学的人，他晚年孜孜不倦地著书立说，写了大量浅显易懂又富含哲理的文章。由于这些成就，松下幸之助于 1965 年获得了日本早稻田大学的名誉法学博士学位；于 1986 年获得了美国马里兰大学的名誉博士学位。不可否认，松下幸之助逝世后，松下集团的经营产生了种种问题，但这并不能抹去松下幸之助的成就和他在思想上的贡献。正如福特公司和通用公司的荣光虽然不复当年，但亨利·福特和艾尔弗雷德·斯隆却盛名长存一样，松下幸之助的实践、思考以及著作，都是留给后人的一笔宝贵财富。

松下幸之助提出的"素直之心"和稻盛和夫提出的"敬天爱人"同样朴素，都是我们经营企业时需要遵循的重要原则。稻盛和夫师从松下幸之助,所以二人的理念有许多地方一脉相承,他们都顺应时代趋势,从东方文化中汲取养分,发展出一套经营和处世的哲学,并在企业和社会中推广践行。他们骨子里都有一种与生俱来的大爱和使命感,始于事而不止于事,始于利而不止于利。因此,他们在著作中传达的是一种道而非术。

在互联网时代,创业不难,持续经营才是难题;在信息时代,获取信息不难,甄别和决断才是难题;在物质文明高度发达的时代,生存不难,拥有幸福感和平常心才是难题。我们惊讶地发现,这些难题在松下先生的著作中都有解答。

2014 年是松下幸之助诞辰 120 周年,同时也是他逝世 25 周年。值此之际,其一手创办的 PHP 研究所,在松下第三代传人松下正幸的主持下,重新整理出版了松下的一批著作。这些著作均是松下先生亲笔撰写或者通过口述形式整理而成的，这些书在日本甚至在全世界都影响深远，无数读者都曾有意或无意地研习过松下的经营理念以及人生哲学。

为了向国内读者系统、完整地介绍松下幸之助的管理理念和独特思想，也为了帮助国内企业的经营者更好地面对当前的经营难题，我们精选了其中的八本著作，内容涵盖了松下幸之助的哲学观、决断艺术、用人育人之道、经营之道、人生观、对未来领导者的建言，以及体现了松下思想精华的"素直之心"和"日日新"，共八个方面。

这八个方面传达的都是道，而不是术。术是生长在道上的一种方法，而道则需要我们躬身践行。知易行难，希望大家通过阅读这套书，都能摆脱既有观念、知识、经验和情感的束缚，修得一颗素直之心，发现事物的真相和本质，更好地经营企业与生活。

2017 年 5 月

前　言

　　我们每天都需要做出不同的决断。不论是工作上的问题还是人生中的难关，也不论是企业经营大计还是商业买卖，又或是家庭、学校以及其他各方面的活动，需要我们决断的事情可谓层出不穷。

　　有的问题难以决断，有的问题自己不愿决断。尽管如此，如果我们不做出决断，敷衍度日，事情就不会有进展，问题就得不到解决，新局面也就难以呈现。

　　因此，我们要学会当断则断，拿出勇气做决断。这是工作和生活对我们提出的要求。

　　有时候我们也会踌躇不定、不知所措，这是人之常情。正因为如此，我们要汲取他人的智慧，博采众长，力求做出准确的判断和决策。

在日常生活和人际交往中，正是由于我们做出了适宜的决断，才能共同度过更加美好的人生。决断的艺术既有益于人们生活品质的提高，也有助于新一代的管理者更好地面向即将到来的 21 世纪。

在本书中，我列举了过往经营中的具体案例，从决策的角度加以回顾和检视。我不知道这样做对读者是否有益，不过我希望它能对大家日常的决策提供有意义的参考。

本书正是基于此种愿望编撰而成。若能抛砖引玉，则不胜荣幸。

松下幸之助

1979 年 2 月

目　录

目　录

序章　我的决断法

决断与灵感

经营一家企业，凡事都要做出判断和决策。有的人做决策凭自己的灵感，有的人做决策则凭自己的经验以及由经验累积而成的决策技巧。哪一个更好呢，这个标准因人而异。

迄今为止，我是怎样做出判断和决策的呢？可以这么说，我是根据自身的经历来判断和决策的。

比如，当松下电器还是一家小小的街道工厂时，我做决定从不与人商量，即便遇上工作中的大事，也是如此。有时候，我在拜访客户、与他们交谈时，突然获得一个灵感——"这样干不会错"，于是，很多决策就这么定下了。

我这么做，一方面是为了追求高效，另一方面也是由于当时我没有条件广泛征集意见。但今天，我在做出判断和决策之前，往往先要听取大家的意见，集思广益；其次，我还会经常敏感地观察大家的意见与反应。这在我带领着尚是街道工厂的松下电器时，是不可能做到的。那时，公司员工不多，还都是些年轻人，管理人才尚未培育起来。即便我有心跟他们商量，也商量不出结果来。在这种状态下，我只能凭直觉做出判断和决策。

我从九岁开始务工，一路走来，不仅学会了经商做买卖，也遍尝了人情冷暖与世态炎凉。通过这段社会底层的工作经历，我积累了丰富的生活体验。这些生活体验培养了我对事物独特的直觉力，我就是根据自己时时闪现的灵感与直觉力来做出判断和决策的。当然，光凭不时闪现的灵感并不能保证每次的判断与决策都正确。因此，我在做出决断时还会给自己定下相应的标准，根据这个标准来做。

人们也许会问，你的标准都有哪些呢？这个标准涉及方方面面，不能一概而论，但其中有一个我个人极为重视的标准，即"什么是正确的"。我认为，人们不能仅仅从个人得失的角度做出决断，还要经常思考"什么是正确的"，并以此作为判断的标准。我可以毫无愧疚地宣布，在我的判断标准中，个人得失总是处于第二位的。

另外，做出决断时，我还会经常想到"生成发展"这一理念。

所谓"生成发展"，一言以蔽之，就是"日新一日"。世间万物都处于不断的运动与变化之中，这就是所谓的自然之法、宇宙之姿。换言之，就是世间万物都处于生成发展的状态之中。公司的经营也须遵循这项法则，松下电器必须日新一日，不断进步。

在企业经营中，我一直努力遵循生成发展的道理，生成发展可以说是我决断事物时的重要标准，或者说是我思考的依据。当然，尽管我说生成发展是决断的依据，但是决断并不能仅凭生成发展来做出。

通常人们在做出决断时还是会忍不住权衡得失利弊，但是所谓的得失利弊并不能通过决断来确保，有时候我们只能"尽人事，听天命"。这句话听起来有些故弄玄虚，一旦你实践起来就会发现其中的奥妙。

　　"我所做的是正确的，我做这些是因为我肩负使命，即便天不遂人愿也无怨无悔。"人有这种心境是非常重要的。这种心境，其实基本接近无私。说到这里，我想起一个人来，他就是毅然奔赴山崎会战的丰臣秀吉。

5

远离私心

丰臣秀吉得知主君织田信长在本能寺被明智光秀所杀，立即率兵赶往京都讨伐光秀。当时，织田信长麾下的诸多武将中，秀吉的军队正在距京都最远的地方与毛利的军队作战。在京都周围，还有信长的儿子以及其他亲信。然而这些实力强大的武将，包括信长的儿子都不敢起兵讨伐，大家都按兵不动，袖手旁观。反而离得最远的丰臣秀吉立即做出决断，与交战对手毛利谈和，日夜兼程赶往京都，并在著名的山崎会战中击败光秀，为主君报了一箭之仇。

秀吉为什么会率兵讨伐，其原因众说纷纭。有人说秀吉自告奋勇是因为他看到了攫取天下的良机，但是我觉得秀吉之举并非出于个人的私利，而是基于当时社会的良识。主君之仇即为不共戴天之仇，不是你死就是我活。秀吉尊崇良识，为主君报仇实为理所当然，因此他才劳师远征，讨伐叛逆。

　　如果丰臣秀吉是出于攫取天下的私心，那么事情不可能如此顺利。只有超越个人的利害私心，对当做之事全力为之，才能天遂人愿，无往不利。我觉得正是这种远离私心的态度与行为，才为秀吉带来了成功。

　　纠结于胜负成败，瞻前顾后，当为不为，则一事无成。远离私心，当为则为，有了这种决然的态度，贴切妥当的决断便会自然而生。

不拘于常识

说起秀吉的主君织田信长，他也做出过一个很著名的决断，那就是桶狭间之战时的决断。当时今川义元率两万大军进发，目标直指京都。今川大军在朝着信长所在的清州城进军时，于桶狭间驻扎休整。这时，是退而守城还是出而迎击，信长将这个问题提到军中议论。一批老臣和仆从纷纷进言，说我军仅有兵丁两千，难敌今川两万大军，不如退而守城。

坚守城池，静待时势变化，或有援军赶来也未可知，因此守城为上策，老臣们的意见可谓头头是道。有的主君或许会听从老臣的意见，退而守城。但是信长不一样，他否定了老臣们的意见，说道："你们愿守就守，我不能在这里坐以待毙。横竖都是一死，还不如倾尽全力战死沙场。我这就一个人出战，你们看着办吧！"说完，他戴盔穿甲，跨马出阵。

这样一来，老臣们再也不议论了，他们不能眼看着主君独自出阵，自己却袖手旁观。与主君同生死、共进退，这是老臣和仆从的应尽之义。因此他们也纷纷披甲跨马，追随而来。

结果，在桶狭间之战中，信长斩敌方大将今川义元的首级，取得大胜。从常识看来，信长的行为不可思议，但是正是因为有了信长的决断与行动，才能以少胜多，反败为胜。

当然，这场胜利也有种种侥幸。比如，敌军有些粗心大意，恰好一场雷雨遮挡了敌军的视线，而信长神奇般地摸到了敌军的大本营，等等。但是，能够获得这种种幸运，不正是因为信长有着不拘于常识的非凡决断力吗？

老臣和仆从们主张守城，这就是所谓的公论。而信长一反公论，不受常识性思维的束缚，没有被公论牵着鼻子走，终将不可能赢的战争赢了下来。

当然，这在历史上也是一件极为特殊的事例。但是，不拘于常识，敢于违反公论，坚持自己的信念并付诸行动，这在我们面对困难之际是很有必要的。

一般情况下，尊崇公论，在常识的范围内思考、决断、行动，这是毋庸置疑的。但是在某种特定的时期和某些特定的场合，做出与一般公论相反的决断也是必要的。

以自我为中心是犹豫之源

总而言之，要适时适地做出正确的决断，这是件颇不容易的事。有时候我们能当断即断，有时候我们左思右想仍不得法，甚至越琢磨就越难决断。

我至今也常有犹豫的时候。碰到难题，我也会犹豫不定，日思夜想仍然找不到答案，以致夜不能寐。

为什么会犹豫不定呢？为什么不能痛痛快快地下决定呢？有时我会这样扪心自问。于是，我发现，当你以自我为中心来思考问题时，内心就容易犹豫不定。也就是说，当凡事都以自我为中心思考时，你就会患得患失，瞻前顾后，难下决心。

我的利害关系会怎么样？我的立场处境会怎么样？我的评价声望会怎么样？当你脑海里总想着这些东西的时候，你是很难做出决定的。因为任何决定都不可能对自己完全有利，总会有于己不利的一面。

　　这时就需要重新审视自己、告诫自己，将自我从思考中驱逐出去，然后老老实实地从全局的角度思考问题。这样的话，我们就能从患得患失中走出来，答案也就清晰可见了。而且这种答案往往很少出错。

　　如此看来，为了做出正确的决断，只要提醒自己不以自我为中心就行了，岂不是很简单！但实际上要做到这一点并不容易。我们总会不由自主地以自我为中心。为什么会这样呢？因为人是有欲望的。

　　"我想这样，我要那样"，这种愿望或欲望人人都有。被欲望支配着去思考事物的时候，就容易以自我为中心。

　　欲望非我独有，人皆有之。我想满足自己的欲望，他也想满足自己的欲望，这样就会彼此冲突，事情就难遂己愿，因此就更难决断了。要避免发生这种情况，就要以一颗素直之心去思考和决断，多听听他人的意见。比如问一下："我是这样想的，您的意见如何？"如果对方的意见中肯有理，那就依计而行。如果对方的意见自己不能接受，那就再去征求其他人的意见，如此集思广益、深思熟虑之后再做出决断。他人的意见有赞成的也有反对的，赞成的固然可喜，反对的也殊为可贵。反对意见中往往会有自己尚未觉察到的问题，从集思广益的角度来说这是非常重要的。

也就是说，如果能集思广益，以素直之心思考问题，我们就能避免陷入以自我为中心的泥沼，决断之际也就不会患得患失、犹豫不决了。

决断不是最终目标

关于决断，还有一点必须认识到，决断不是事物的终结，而是事物的开始。事物并非因为决断正确而结束，反而是因此而开始，决断之后更为关键。比如，在后文中提到的明治四十三年（1910年）、我十七岁的时候，决定放弃自行车行学徒的工作，转而去做与电气相关的工作。下了这个决断之后，其艰难真是一言难表。

后文中还提到一件事，就是松下电器刚开始发售收音机时遇到的事。制造收音机这个决断很好下，但是要把这个决断转化为实际的产品，可真是费了九牛二虎之力。因此，我认为决断固然重要，但更重要的是如何努力不懈地将决断付诸实践。

在处理一些复杂问题的时候，往往一个决断又会带出另一个决断，层出不穷，令你应接不暇。所以，很多事情不是做出一个决断便万事皆休了。

　　话说回来，如果没有最初的决断，我们就不知道该怎么干。有了决断，我们才知道应该做什么，应该怎么做。从这一点来看，决断是非常重要的一环，如何做出正确的决断，是一件极为关键的事情。

　　上面就我的决断法谈了一点所思所想，而决断法的具体事例在后文中我会分五章展开详细的论述。

1

兴办事业

人生没有失败——关于创业的决断

谋划安身立命之计，堪称人生大事，一旦取舍不当，抉择错误，则于己于人皆不利。即便如此，我们也必须做出决断，因为害怕失误而不敢决断，就永远没有新的开始，自己与他人也都得不到向上发展的机会。

大正六年（1917 年）六月，我从工作了七年之久的大阪电灯公司辞职，开始自己做买卖。按照今天的说法就是下海经商，走创业之路。

我为什么会选择独自创业呢？原因有三个：一是对职员生涯的不满足，二是父亲的一句忠告，三是想推广自己精心设计、制造的电灯座。下面我具体解释下这三个原因。

一是对职员生涯的不满足。这并非指我对公司有什么不满。实际上，辞职之前，我已经从一名普通的安装工人升职为检查员，工作很轻松，获得的待遇也非常优厚。不过，半日工作半日闲的状态，真的有点轻松过头了。刚当上检查员的那一阵子，我确实很高兴。但是一两个月之后，我就感到不满足了。也许是年轻、精力旺盛吧，我总觉得只有全力以赴做事，才能感到踏实，而这种半天无事可做的状态让我觉得空落落的。这就是所谓的人生价值问题吧：当时，我在公司干得很不错，但是工作缺乏紧张感，感受不到人生的价值。

二是父亲的一句忠告。当我还在自行车行做学徒的时候，发生过这样一件事：有人想把我介绍到大阪储蓄局当勤杂工，母亲和我都有意去，但是父亲反对。父亲对我说："做买卖成家立业，这才是你的正途。做买卖成功了，你就可以聘用优秀的人才。勤杂工并不适合你。"父亲的这句话一直铭刻在我的心底。

现在我虽然不当学徒了，在公司里做职员，但是我依然感受不到工作的意义。我越来越觉得听从父亲的忠告，独自闯出一番天地来，才是最好的选择。尽管我辞职的时候父亲已经去世，但是他的这句忠告一直在我心里并时时影响着我。

三是想推广自己精心设计、制造的电灯座。我曾经做过一段时间的电灯配线工作，当时就一直想设计一种既方便实用又稳定可靠的电灯座。后来，我开动脑筋，反复试验，开发出一款改良产品。我信心十足地做出了一个改良样品，并把这个改良样品提交给了主任，希望公司能够采用我的小创意。出乎意料的是，主任否决了我的创意，他说："这种东西不能用！"我感到很愤慨，觉得他真是有眼无珠、不识货。冷静之后，我又觉得确实如主任所说，这个改良品有利有弊，大批生产推广的时机还未成熟，不能推荐给广大用户使用。于是，我打算干脆辞掉工作，专心于电灯座的开发与制造。

基于以上三个原因，我放弃了一般人眼中的好工作，走上了独立创业之路。

对于工作过七年的公司，我自然会感到恋恋不舍；对于自己的未来，我也会感到一丝不安。创业之路会一帆风顺吗？我并没有十足的把握。在一头闯入未知的世界、踏上从未经历过的道路时，我也有过犹豫，感到过忐忑。

不过，毕竟我当时才二十二岁。比起失败的不安，内心更充满着对成功的渴望。即使失败了，大不了重新回到大阪电灯公司就是了。如果结局是那样，我从此就不再考虑创业的事，勤勤恳恳地在公司里干一辈子。这样一想，我就更有勇气了。

有一句话叫"失败乃当然"。当你有了"失败也无所谓，大不了从头再来"的心态，患得患失的心理就会减弱，做出创业的决断也就水到渠成了。

就我而言，做出创业的决断之后虽然经历了重重困难，但幸运的是我一直持续经营自己的事业，并没有因创业失败再回大阪电灯公司。后来，松下公司发展壮大之后，曾经有人这样问我："松下先生，如果事业遭遇失败，你会怎么办？"

我回答："到那天，那我就开一间乌冬面馆，推着货摊做生意。我一定会做出最美味的乌冬面，让每个顾客都喜欢。"

也就是说，从开始创业，我就一直保持"失败也无所谓，大不了从头再来"的心态。因此，对我来说，人生没有什么是所谓的失败，所有的事都可以从头再来。一旦你也有这种认识与心态，那么不安与犹豫就会减少，也就比较容易拿出勇气做决断。

敢舍身才可成大事——关于自行车灯免费发放的决断

经营企业总是伴随着风险，一些风险甚至是致命的，企业会因此倒下、破产。一般而言，我们要尽量避免风险，但某些时候、某种情境之下就不该回避风险。

大正十二年（1923 年）三月，松下电器开始生产自行车用的电池车灯。在当时的自行车用车灯市场上，产品大致分为三种：一种是蜡烛灯，一种是乙炔气灯，还有一种就是电池灯。这三种车灯存在不同的问题。

蜡烛车灯风吹即灭，骑车时需要不断地停车点灯，实在不方便，我自己就有很多次这样的经历。乙炔气灯操作起来很麻烦，价格也很昂贵。电池灯的问题是只能照明两三个小时，使用寿命太短。

我觉得改良电池车灯是一件利己利人的好事，便决定带领大家对电池车灯进行改良。但是当我们真正开始产品研制工作时，遇到了重重难关。在长达六个月的反复试验中，我们做出的将近一百种样品都不够理想。但最终，皇天不负有心人，我们开发出了理想的产品——炮弹型电池车灯。

当炮弹型电池车灯推出时，我坚信这款产品肯定能得到市场的认可。因为它克服了传统电池车灯只能照明两三个小时的缺陷，可以持续照明 30~50 个小时，两者之间简直存在天壤之别。炮弹型电池车灯可以说是划时代的新产品，关键是它的售价比蜡烛灯还便宜。这样优秀的产品不可能卖不出去。我希望它能大量生产、大量销售，获得人们的喜爱。

可是，世间之事并不如想象中那么简单。当我们开始销售这款新型电池车灯时，遇到了一堵难以逾越的高墙，那就是消费者对电池车灯有成见。他们吃够了传统电池车灯使用寿命短的苦头，觉得所有的电池车灯都不好用。

当我们把炮弹型电池车灯送到批发商那里时，无论我们怎么解释这款产品的优异性，他们都不以为然，回绝说："不行，不行，松下先生，电池车灯根本卖不动，都带回去吧。"

尽管销售遇到麻烦，但是我坚信，性能这么优异的产品不可能卖不出去。经过冷静思考，我们发现最大的问题是消费者不知道这种新型电池车灯区别于传统电池车灯的优异性能。因此我接下来应该做的是，让消费者认识和了解炮弹型电池车灯的优异性。

光凭口说没有用，必须让消费者实际验证，眼见为实。当时我的工厂一批接一批地生产，库存日益增加，事情已经到了刻不容缓的阶段，我们必须尽快让更多的消费者了解它。

我们想了种种办法，最终摸索出一种比较有效的做法，就是雇人拿着我们的炮弹型电池车灯去自行车行巡回展示。不是把产品放在那里摆样子，而是点亮后展示，也就是让自行车行的店员们实际验证一下我们的电池车灯究竟能用多久。

展示并不等于销售，前者是拿不回货款的。更进一步地，我们还为车行销售出去的自行车免费配送了大量样品，这对当时资金匮乏的松下电器来说，是一场非常危险的赌博，也是一次冒险。

万一失败，不单是新产品的失败，也是松下电器经营的失败。我们免费配送完这批样品之后，如果炮弹型车灯仍然卖不动，收不回货款，公司就难以为继，不得不关门了。

冒着破产的风险，我依然将免费配送样品的决定付诸实施。这是为什么呢？首先，这是打破现状的唯一方法，我们只有这一条路可走。其次，我对新产品的优异性能坚信不疑，我相信只要顾客了解它的性能，就没有卖不出去的道理。

"敢舍身才可成大事"。害怕风险则一事无成。将自身的安危置之度外，直面风险，无所畏惧，这样才能开辟出一条新路。因此紧要关头要敢于舍身决断，我就是这样做的。

从结果来看，这个决断非常成功。自行车行的店员们看到这种新型电池车灯真的能够持续照明数十个小时，就极力向顾客推荐，开始帮我们推销起来。后来，发到松下电器的订单一天比一天多，批发商也不断收到此前态度冷淡的零售店要求订购这种炮弹型电池车灯的订单。这款车灯很快就销往全日本，并获得了广大顾客的喜爱。

"敢舍身才可成大事"，我深切体会到这句古话所言非虚。而且，每当决断大事之际，这句话都能给我提供巨大的勇气。

正确解读市场需求——关于熨斗量产的决断

面对新产品的生产与销售，大家的想法应该都是一致的，那就是以低廉的价格推出优质的商品，但实际上这很难做到。要制造优质产品，价格就会跟着高起来。要想降低价格，只有两个办法，一是降低品质，二是批量生产。但是降低品质就得不到消费者的青睐，因此只能在保持品质的前提下批量生产。不过，一旦批量生产，能否打开销路就是个大问题。

松下电器在昭和二年（1927 年）一月设立了一个新部门——电热部，首项任务就是生产熨斗。当时熨斗在全日本的年销量不足十万个，并且价格很高。一流熨斗产品的零售价达 4~5 日元（根据日本银行公布的企业物价第二次世界大战前基准指数计算，昭和二年的 1 日元约等于今天的 605 日元。——译者注）。这个价格对于普通家庭来说有点贵，只有富裕家庭才买得起。

松下电器设立电热部，计划生产熨斗，其初心是希望将这种方便实用的商品以更便宜的价格提供给更多的消费者。也就是说，在当时，方便实用的熨斗只有一部分人用得上，原因是价格太贵。那么，只要我们生产的熨斗价格合适，就会有更多的普通消费者购买。

当然，并非价格便宜就万事大吉。如果通过降低品质来实现价格下降，顾客是不会认可新产品的，那我们新设部门就没有任何意义。我们推出的新产品不仅不能降低品质，还要与现有的一流产品保持同一水准甚至高于它们，但是要比这些一流产品便宜三成以上，否则就不值得去做。当时，我就是这样想的。

为了满足上述所有想法，新熨斗就必须实现批量生产。我们初步核算后得出的结论是，月产量不到一万个，价格就降不下来。当然，在产品外观与性能上，我们必须采用新的设计，产品性能也要与现有熨斗有所不同。但是，最为关键的还是月产量必须达到一万个；否则，便宜三成的目标就实现不了。

假设我们现在能够月产一万个熨斗了，接下来的问题就是，怎么把这一万个熨斗都卖出去？当时熨斗的年销量是十万个，也就是说月销不足一万个。日本全国就这么大市场，松下电器一个月就生产一万个，果真能卖掉吗？

从常识来看，这有点不可能。短时间内把消费者的需求扩大一倍，这是不可思议的，风险也是显而易见的。因此，对销售问题的担心充斥着整个公司。

但是如果因为担心而不敢批量生产，价格就降不下来。价格降不下来，那松下电器为什么要生产熨斗呢？

我们必须回到原点思考：为什么松下电器要生产

熨斗呢？不就是因为很多人希望使用这种方便实用的产品，可是价格太贵所以买不起吗？那么，只要价格便宜，一定会有很多消费者来购买。购买的人一多，月产量一万个看起来很多，实际上市场消化应该不成问题。

于是，我最终做出决断，每月批量生产一万个！我们说干就干，在中尾先生（中尾哲二郎，原松下电器产业株式会社副社长、最高技术顾问）的带领下，开发制造人员经过艰辛努力，仅用三个月就开发出新产品。这种新型的熨斗被冠以"超好"商标，按 3.2 日元的零售价格开始发售。

后来的事大家都知道，松下开发的熨斗品质好、价格低，深得消费者的喜爱，市场销售之好超出我们的想象。原本担心市场消化不了我们每月生产的一万个产品，结果实际情况是，我们一时间根本满足不了市场的需求，不得不增产。

由此看来，只要价格合适，消费者还是会来购买的，关键在于你敢不敢坚信这一点。我就坚信这一点，因此敢于投入批量生产。

我的信心来自于对需求的正确解读。市场需求，看不见摸不着。角度不同，对需求的看法也不一样。现在月均销量一万个都不到，市场需求不大，这是一种看法。但是另一种看法，却是目前的需求受制于高昂的价格，只要适当降低价格，市场需求就会增多。因此最重要的是看透市场。

如何练就一双看透市场的慧眼呢？关于这一点，我也没有办法说得很透彻。不过有一点建议供大家参考，那就是你要从人性的角度看市场，毕竟人们会不断追求生活品质的提升。也就是说，人们都会追求能提高生活品质的商品，只要这种商品价格合适，那么我们就可以认为需求就在那里。

虽然不能一概而论，但是我觉得需求的规律大抵如此。就我个人的观点，当你认为需求无限时，就必须无限地扩大生产。在考虑推出有利于改善人们生活品质的产品时，看透市场的能力就是你最初决断时最有力的支撑。

把自己放到砧板上——关于灯泡定价的决断

要想与他人合作，只是一味表达诚意是不够的，你还需要通过说服，获得对方的理解与共鸣。毋庸赘言，这种说服并不仅仅指口头上的说服。那么，什么样的说服才能引起对方的共鸣呢？

昭和十一年（1936 年），松下电器开始电灯泡的生产与销售。当时日本的灯泡产品大致分四档：一档是 T 公司的 M 灯泡，定价 36 钱；二档的价格是 25~26 钱；三档的价格是 15~16 钱；四档的价格是 10 钱。其中，卖得最好的不是价钱最便宜的四档货，而是一档产品 M 灯泡，后者的市场占有率达 70%。

那么，我们该如何对松下电器新发售的电灯泡定价呢？定价的高低决定我们这款新型灯泡的档次，是打入一档、二档还是更低档？经过反复思考，我决定将灯泡的价格定为 36 钱，也就是定了个一档产品的价格。

发售之前，我们就定价问题咨询客户的意见。有的客户说："M灯泡自然能卖36钱，你们松下公司刚刚进入这个行业，新品也定36钱，简直是胡来，同样的价格是卖不动的。"也有的客户说："要卖的话，充其量也就定个二档的价格，二十五六钱吧。不比M灯泡便宜个10钱，顾客连看都不会有人看一眼的。"还有的客户说："三档的价格也许能卖吧。"

我对客户的反应有点失望。不过仔细一想，他们有这样那样的反应也是理所当然的，因为我们是个在灯泡制造方面尚无业绩的行业新兵。

客户的评价自有其道理，但是我思考的问题是，一直这样下去就是合理的吗？这是这个行业应有的模式吗？从行业的现状和未来考虑，将现有的行业模式固化，对大家有益吗？如果这个模式确实存在问题，那么问题又在哪里？再三思考之后，我有了自己的看法。

关于价格，我也得出一个结论，那就是新品的售价必须定为 36 钱。我带着灯泡去北海道推销，批发商对我说 36 钱没法卖，我便对他说了以下几段话。

如果您有心扶植松下电器成长，那就请您按照 36 钱的定价卖吧，将来我们会制造出更好的产品。也许现在我们还不能做到最好，你们销售起来会有些困难，但是如果没有人帮着销售，我们就成长不起来。

这不只是我个人或松下电器的问题。愿不愿意再培养一家一流厂家，对于你们来说，对于我们国家来说，都是个重要问题。就像相扑，如果竞技场上只有一个最强的横纲，那多没意思呀。只有两个人互相搏击竞争，竞技场才有活力。电器行业不也如此吗？

如果有两个"横纲"，电器行业就会振兴发展。

从这个意义上来说，为了把松下电器培养成"横纲"，请把这个灯泡按照 36 钱卖出去吧。买卖是现实的，不过在现实的买卖中也需要加入未来的理想。请大家想想灯泡行业的未来吧。

听了我这一席话，原先持反对意见的客户表态说："您这样说的话，我们就一起合作吧。"就这样，松下电器的灯泡开始以一档的价格销售起来。

我说这一席话，当然是希望他们接受我们的产品定价，但这席话的初衷还是着眼于行业的振兴与发展。如果只是为了松下一家公司的利益提出要求，那这个要求就实在有点厚颜无耻，客户也不会愿意接受的。

我说出这席话，是因为我坚信这样对行业、对用户都是有益的。而要实现这个目标，松下电器不能仅仅依靠他人之力，还要把自己放到全社会的监督之下，全力投入到自己的事业中，责任可谓重大。这就如同把自己放到砧板上。正是由于批发商们理解了这一点，他们才会接受36钱的价格，并对我的行业理想产生共鸣。

我们要求36钱的价格，并以行业的未来请求合作，实际上就是向外界宣言：松下电器将竭尽全力投入事业之中，并以新的成果回报大家的期待。由此，松下电器肩负起重大的责任，也就是对自己提出了更加严格的要求。

最终，经过不懈的努力，在热心顾客们的鼎力支持下，松下电器的灯泡制造事业很快就发展起来，开始与T公司平分秋色。

感知看不见的契约——关于五年计划的决断

人无法预测未来，做买卖也是如此。今天看起来不错，明天会怎样谁也不知道，更不用说明年、后年的事了。但如果因此只看今天而不顾明天，显然是不行的。我觉得还是得制订一定的计划。

昭和三十一年（1956 年）一月，松下电器第一次发布五年计划。当时，经过了第二次世界大战之后艰难的复兴期，松下电器逐渐发展起来，以坚实的步伐迈入全面发展的扩张期。

于是，我将此后的五年定性为松下公司的急速扩张期，制订了一个五年计划，提出五年后的销售额要达到 800 亿日元。这个目标是上一年销售额（220 亿日元）的三倍多。这个数字令人大吃一惊，有人怀疑，销售额增加这么多现实吗？目标是不是太高了？还有人认为，如果订个明年的销售计划还比较靠谱，五年后的事情天知道。总之，大家都认为我提出的这个数字只不过是纸上谈兵而已。

的确，五年后的事我们谁也不知道。宏观经济会怎样？行业状况会如何？有许许多多不稳定的因素。再极端一些，一旦发生战争或天灾，经济就难免有崩溃之虞。尽管如此，我还是坚信，只要不发生大的变故，五年计划中提到的 800 亿日元的销售额是能够实现的。

首先，仅凭现有的产品要实现 800 亿日元的目标也许勉为其难，但是在今后五年间，我们将不断开发新产品，拓展新领域，销售额自然会随之大幅增长。

其次，电器行业处于上升期。迄今为止，电器行业每年都在持续发展，只要我们能够保持住松下电器现有的市场占有率，销售额就能稳步增长。行业发展这一要素是具备的。

最后，要实现五年计划的目标，松下电器自身的努力是不可或缺的。我们的生产力必须不断提高。这不单是指增加设备与人工投入，还要提高生产效率。举例来说，现在一平米的厂房只生产一个产品，今后每一平米要能生产三个、四个。这需要技术能力、经营能力的不断提高，也需要全体员工的持续努力。

当然，即使增加产品、提高生产力，800 亿日元的产品能不能卖出去仍是个问题。你可以按照计划生产，但是五年后销售目标能否真正实现，这谁也不敢保证。但我还是提出了 800 亿日元销售额的目标。这是为什么呢？我是怎样考虑的呢？

总的来说，我希望将人们的理想和追求直接反映在数字上。松下电器有数百个代理点，有数万家销售门店，它们的背后还有数千万的消费者。这些消费者都希望提高自己的生活品质，为此会追求各种各样的物资。

考虑到这一点，我预期人们的消费欲望很快将进入一个爆发期，需要未雨绸缪，以便尽快满足市场的需求。这是所有行业、业种、职业的义务，也是他们的责任。换句话说，这是大企业与民众之间缔结的一份看不见的契约。当然，这种契约并不是书面的契约，也不是口头的承诺。但是只要自认肩负着经营企业的使命，那就应该知道这份无形的、无声的契约。诚实地面对这份无形的契约，虔诚地听从这份无声的契约，为履行其义务而不敢有丝毫懈怠，我认为这就是我们产业人的巨大的义务。

基于这种想法，我提出了五年后实现 800 亿日元销售额的计划。也就是说，我认真地听从了大众的愿望，觉得这个数字或许正是大众追求的目标。所以，我从未觉得这个数字过大，也不认为这个目标实现不了。

结果怎样呢？结果是到第四年的昭和三十四年
（1959 年）末，松下电器的销售额就达到了 792 亿日
元；到第五年的昭和三十五年（1960 年），松下电器
的销售额达到了 1050 亿日元。

这个成果当然是公司全体员工以及合作各方共同
努力的结果。换一个角度来看，这也是大众期望的结
果。这个结果说明，日本国民的生活水平提高了，由
此激发出了巨大的市场需求。

彼此描绘梦想——关于设立松下政经塾的决断

人们往往拘泥于眼前而忽略未来。为生活琐事、工作难题等忧心烦恼，日复一日地忙忙碌碌。这大概就是我们普遍的情形吧。

可是，人并不只是活在现在，人还有明天后天，还有明年后年。从每个个体来看，谁都有生命终结的日子，但是从人类整体来看，人不仅活在今天，还会活在很遥远的未来。

那么，未来的人们究竟会活成什么样呢？比现在好还是坏？这个谁也不知道。毋庸置疑的是，每个人都希望未来比今天更美好。

仅有美好的愿望是不够的，它不会轻轻松松就变成现实。那该怎么办呢？

昭和五十三年（1978 年）九月，我在记者招待会上发布了创办松下政经塾的构想。这一构想发布后，报纸杂志做了大量报道，社会反响巨大。其中既有赞成的意见，也有严厉的批评，也许还有不少人为我的"突发奇想"感到诧异。

我之所以想到创办松下政经塾，首要的原因是基于我对日本未来的思考。如果只顾眼前，得过且过，我的生活可以安排得很悠闲。但是一想到明天的日本、21 世纪的日本时，我认为还是得出力培养能适应未来需要的人才。

时光追溯到昭和二十一年（1946 年），当时我创办 PHP 研究所，开始规划 PHP 的事业构想时，正是基于内心的祈愿，那就是为了人们实现真正的繁荣、和平和幸福。

当时日本正处于第二次世界大战之后，物资匮乏，到处都是一片凄惨的景象，每个人都食不果腹，为了每天能够吃饱肚子而东奔西走。另一方面，人们也全力以赴投入到各自的工作当中。当时政府本应出面打破现状，为国民指出一条开辟未来的新路，但是效果不彰，局面甚至有日益恶化的趋势。我觉得这种窘状不能继续下去，必须设法打破。正是基于这种愿望，我提议创办 PHP。

幸运的是，由于来自外部的援助，加上日本人自身的努力，很快日本就实现了经济复兴，人们的物质生活开始富足起来。这是非常了不起的。

不过，从日本人的心灵层面、精神层面来看，一些我们不愿意看到的问题日益增多。青少年犯罪率上升，自杀也呈现低龄化趋势。良好的社会秩序经常受到扰乱，人们似乎忘记了自己本该有的品行，忘记了自己的社会责任，一味追求物质享受。其结果是，社会方方面面弊病丛生。

为什么会弊病丛生呢？其理由见仁见智，不能一概而论。但是我想其中一个原因难道不是我们为眼前的利益而一叶障目，看不到明天的日本、未来的日本吗？我们每个人都会描绘梦想，然后朝着梦想努力奋斗，正是在这种奋斗的身影中，一些美好的东西才会显现出来。

如果我们将这个梦想，不是作为个人的，而是作为大家共同的梦想，齐心合力，一起去努力时，和谐而又强大的力量便应运而生，人生的价值也就彰显出来了。

我们应该面对未来描绘自己的梦想，然后为了实现梦想，将智慧与力量凝聚在一起，在各自的岗位上奋力拼搏，这是非常重要的。它不是把每个人局限在一个框框内，束缚自由思考和行动。相反，它是为了让每个人的个性最大限度地发挥出来。

现在，呈现在我们面前的未来，是新的世纪——21世纪。为了把21世纪的家园建设成我们真心喜闻乐见的家园，就让我们一起来描绘自己的梦想，然后为了这个梦想的实现而迈进。

所以，如果有人问我为什么要创办松下政经塾，那么我的回答是："我想把日本建设成大家喜闻乐见的日本，就是为了实现这个梦想。"关于我的梦想，我在拙著《我的梦想·日本的梦想》（PHP研究所出版）中有所阐述，敬请参阅。

松下政经塾的结果会怎样，我们当然无从知晓。作为我个人而言，如果日本的大环境平顺，那么松下政经塾也必将取得成功，人才辈出。至少，作为一个日本人，我祈愿松下政经塾能取得成功。

2

踌躇与确信

放弃与胸怀——面对重病时的决断

在漫漫人生路上，有些事会让你感到无能为力、束手无策，为此不免心烦气躁、郁郁寡欢。这时，你该怎么办呢？

大正六年（1917 年），我 22 岁，还在大阪电灯公司工作，医生告知我的肺尖部有结核性病变，实际上就是肺结核的初期症状。在今天，人们听到肺结核不会那么大惊小怪，但在当时，肺结核无异于不治之症，肺结核的病患十有八九会不治。因此，我感到非常震惊。

尤其是我的两个哥哥都是死于肺结核，当听到自己已处于肺结核初期时，心想："这下轮到我了，要来的还是来了！"内心真是沉重不堪。

当时医生建议我说："你需要休养，回家乡休养三个月如何？"可我真是无言以对。当时我既无双亲又无亲戚，可以说是无家可归，更重要的是还身无分文。

两位兄长患病的时候，父母还健在，家里还有些许钱财，因此他们得到了充分的休养，还做了转地疗养，但遗憾的是最终还是无力回天。而我即便想转地疗养，也心有余而力不足，没有谁来帮助我。

当时也没有现在这样完善的医疗设备和健康保险制度，如果我停职休养的话，连吃饭都保证不了。当时是按日结算工资的，一旦停职，我除了一死别无他法。

当时的我处于"不休养也许一死，要休养则唯有一死"的窘境，内心凄惶，手足无措。

这时，我想到的是，反正是一死，与其休养卧床而死，不如工作至死。既然患上肺结核，死亡不可避免，那就听天由命。两个兄长都死于肺结核，我也没什么可悲悲戚戚的，要拿得起放得下，人总有一死，无所谓了。但是坐以待毙太没意思了，还不如痛痛快快地大干一场。就这样，我给自己定了个规矩：工作一周，休息一天。

也许有人会觉得我的这种选择太武断。比如有人会说："即便自己没钱，也可以向公司借钱，休养一段时间没准身体就恢复过来了。"

但是我不想这样。卧床休养，如果最终不治，仍是一死。反正是死，那还不如在有限的生命里尽情地大干一场。也许在当时，我觉得这才是一个人该有的姿态，但追根溯源，还是因为我一直能从忘我的工作中感受和体味到生存的意义与喜悦。人要向前看，要积极地思考和行动。我欣赏这样一种胸襟与气度，那就是死不足惜，尽情工作。

说到结果，真是令人不可思议，我的病并没有继续恶化，因此我工作一周休息一天的状态得以持续下来。我想这也许是我豁达的胸襟与气度给自己的精神带来平和，从而影响了肉体的原因吧。

尽管如此，我身体的虚弱状态一直未有改观，每年都会有几次不得不卧床休息的阶段。那时我觉得自己能活到三四十岁就不错了，没想到一直活到现在。有一句话叫"一病长命"，我一是不怕病，二是养好病。我不是设法把自己虚弱的身体弄结实，而是尽量让虚弱的身体得以维持，这大概就是我活到今天的原因吧。

人非圣贤——面对合作邀请时的决断

人非圣贤，孰能无过？更何况让一个初出茅庐、知识与经历都很肤浅的年轻人迅速做出一个决断。此时的他难免会陷入迷思，甚至失去自我。

大正八年（1919 年）年末，我收到在大阪电灯公司工作时期的朋友 A 氏的一项提议。他提议是否可以把我个人经营的松下电器公司化。

"与其你一个人吭哧吭哧地干，还不如吸收一些外部资本，办一个公司来干，怎么样？我的亲戚、朋友都是大资本家，筹集 5 万 ~10 万日元的资金不费吹灰之力。我们俩一起把松下工厂改制成公司，大干一场吧！"

面对 A 氏的热心劝说，我内心动摇了。细细想来，确实如 A 氏所说，与其自己一个人做 10 件事，还不如两个人办一个公司做 30 件事。于是，我答复道："让我好好想想，过四五天我登门拜访时再答复你。"

虽然我说"让我好好想想"，其实我怎么想也想不出一个结论。是一如既往地单干好呢？还是公司化好呢？孰优孰劣我无从判断，也难以决断。两三天过去了，我依然想不出结论，有点心烦意乱。不过既然说了要登门拜访，我就不能言而无信，就这样，在犹豫不决中我去了A氏家。

A氏一见到我就迫不及待地说道："松下君，你下定决心了？只要你决心已定，我明天就向公司递辞职报告。然后马上回老家去，走访十几家亲戚，一家要5000日元，我筹集5万日元回来。"

A氏说着，不断催促我早下决断。其实，那时我个人创业才刚刚一年多，商业信念还没有建立起来，更谈不上对未来的经营预期。正是在这种前后无着的情况下，我不免对A氏的热心劝说动了心，半信半疑地答应了他。这也算是一种决断吧。

　　不过，回家后我静静一想，觉得承诺还是有些轻率。自己只想到是一个人单干还是公司化后有组织地干，却没有想过更重要的东西，比如 A 氏的性格、能力、人格等。A 氏是个真正值得信赖的人吗？那么大一笔资金他真的能筹集到吗？这些真是不可不考虑的问题。A 氏所描绘的理想有些书生意气，实际上会怎样很难说。

　　如此一想，我做出决断，尽管已经做出了男人的承诺，但我还是觉得自己一个人做更好。当然，要把这个结论告诉 A 氏，确实难以启齿。尽管只是口头承诺，但承诺就是承诺，我实在迈不开步子去通知他我改主意了。这可怎么办好呢？就这样在思前想后之中，两三天又过去了。我终于心神安定，打算与 A 氏见一面仔细谈谈，于是再次登门拜访 A 氏家。

结果，世事难料，真实的人生比小说还离奇。一个我怎么也想不到的意外发生了——A 氏病故，连葬礼都已经办完。据 A 氏的遗孀说，自与我分别后的第二天，A 氏就患上急性肺炎，没过两天就去世了。遗孀说："本来要通知您的，但是不知道您的住址，真是失礼了。"

我呆然而立，深感人生无常，合办公司之事自然解消。不过，如果合办公司之事最终办成，也许就没有今天的松下电器了。

由此可见，事物的决断太难了。既不能太晚错失时机，也不能太早，因草率而招致失败。而更重要的是，不能在内心不定、半信半疑的状态下做决断。当然，世间没有一件事可以做到绝对的确信。但我想至少应该对方方面面加以检视，从中获得让自己能够做出决断的依据。

众说纷纭，如何决策——关于投资门真地区的决断

人这种动物，一方面对他人的行为总是很关心，对那些引人注目的行为更是喜欢议论纷纷，或弹或赞，莫衷一是；另一方面，被别人说得多了，心里留下疙瘩，开始失去自信，想法与行为摇摆不定。所以，当我们处理事情的时候，还是要有坚定的信念。

昭和八年（1933 年），松下电器决定投资大阪东北部的门真地区，消息一经传出，外界一片哗然。那时还是昭和之初，经济不景气的余波尚存，松下电器选择大举进军门真地区，可谓石破天惊之举。

这里说的投资，不是在该地设置一个小小的外派机构，而是新建总店，同时还将建设几家工厂。所以，可以说是一个大型的投资项目。

我之所以选择进军门真地区，是因为松下电器当时已有工厂的生产能力远远不能满足日益增长的需

求，增产是最大的课题，工厂扩建迫在眉睫。我们在大阪市内四处寻找建设用地，但都没有合适的。最终我们决定把总店和厂房建设到以前购置的门真地区，这块土地原本计划用来建设员工培训基地。

松下拟将总店和厂房建在门真地区的消息甫一发表，世间哗然。人们议论最多的是，"在这种不景气的环境下，松下电器还大举扩张，真是胡乱经营"。还有一种声音是，"门真地区是大阪的鬼门，在这里开店设厂不吉利"。

这类议论大抵在任何一种场合都会出现，因此无需在意，就当是一阵耳边风即可。不过，即便是一阵耳边风，如果不假思索就让其吹走，这连我自己也难以接受。我觉得对世间的议论还是得有自己的一番见解才行。

首先，我们需要斟酌"鬼门"一说。不可否认，在我内心也曾为鬼门一说而动摇过。在当时乃至现

在，人们谈及鬼门无不变色。因此当别人对我说"门
真是大阪的鬼门，风水不好"时，我内心也是禁不住
咯噔一下："还真是鬼门啊，这可糟了！"

　　但是，我也不能因为所谓的鬼门，就干干脆脆地
放弃进军门真地区。大阪市内已经没有土地可用，只
有门真地区才是我的土地，是我可以用来开发的。从
松下电器的未来发展来看，这一大片土地是再合适不
过的厂房用地。因此，无论如何也不能放弃进军门真
地区的计划。不过，鬼门一说还是令人放心不下，我
该怎么办呢？

　　反复思考之后，我忽然意识到，如果东北方位是
鬼门的话，那按照日本的地形，岂不是到哪儿都是鬼
门吗？从北海道到本州、四国、九州，日本的国土大

体呈由东北向西南延伸的态势，因此如果东北方位是鬼门的话，那任何地方都是鬼门，日本国民就只能离开日本国土才行。由此看来，就算门真的确是大阪的鬼门，也完全无需在意。这样一想，我心里豁然开朗，再次做出决断：投资进军门真地区的决策不变。

其次，就是要斟酌"胡乱经营"的批评。平心而论，这种批评有一定的道理。因为松下电器一直以来就在不断地扩张，而投资门真地区的建设资金除了松下电器的自有资金之外，还得向银行借款。在当时，投资经营一般都是依靠自有资金进行，向银行借贷则会给人以经营不稳健的印象。的确，我们确实是向银行借钱了，但是银行对松下电器非常信赖、理解和支持，我们无需任何抵押，仅凭信用就可以向银行贷款。

不过，既然世间有这种批评，我就得细加思考，做出回应。于是，在公司新大楼落成之际，我在致辞中公开说明了借贷一事。我是这样说的："自创业以来，尽管时日尚浅，公司财政也尚不宽裕，但是公司计划每每得以超额完成，松下电器遂有今日。故而，在信用之范围内借助外资，殊无不可……"我这样说，就是想到与其让人们在背后风言风语，还不如由我本人将风言风语挑明了，公开发布出来。这就是我的回应。

这可以说是我自身对经营有信心的表现。如果真是胡乱经营的话，就不会有这样的自信了。世间即便对松下电器有各种各样的批评，但是我坚信自己对松下电器的经营是稳健的，因而向银行借款一事也无需隐瞒。听完我的那篇致辞，有好几个来宾对我的自信深感惊讶和钦佩。

经历了这番曲折之后，松下电器终于进军门真地区，并且以此为契机进入了飞速发展期。迄今，门真地区仍是松下电器的总部所在地。

让他们认同经营的价值——关于 3% 的经营指导费的决断

我们往往能够看到肉眼可见的价值，却看不到肉眼不可见的价值。但是，我认为正确认识肉眼不可见到的价值是非常重要的。

在经营上也是如此，比如，事业的经营尽管肉眼看不到，但是它的价值巨大。当然，软弱无力的经营创造不出成果，其价值不足道也，但只要是真正的经营，其产生的成果将非常大。真正的经营将促进企业发展，为员工提供福祉，同时也能促进社会的发展。那么，我们是否都认识到经营的价值呢？答案是，未必尽然。

昭和二十七年（1952 年），松下电器与荷兰的飞利浦公司进行技术合作，创办松下电子工业公司。在与飞利浦公司合作之前，针对该引进哪家公司的技术，我做了很多调查。我去了美国，也去了欧洲。美国有出色的技术，但是规模以及其他一些方面与日本差异太大。后来我到了欧洲的荷兰，感觉这个小国与日本有些相像，而且荷兰的飞利浦公司与松下电器也颇为相似，也是以个人为中心，经过六十余年艰苦创业才发展壮大起来的。于是，我决定选择飞利浦公司作为松下电器的技术合作伙伴，双方就合作事宜开始谈判。

这时出现一个问题，那就是飞利浦的技术援助费太贵了。美国公司只要销售额的 3%，而飞利浦却要 7%，高出两倍多。

飞利浦公司要价高是有原因的。他们说："与美国公司合作不一定会成功，但是与飞利浦公司合作则一定会成功，而且会大获成功。"他们愿意做出保证，同时从实际业绩来看，他们在全球 48 个国家及地区拥有工厂，且无一失败。

真是信心十足。听着他们的滔滔雄辩，我也渐渐觉得他们言之有理，内心开始动摇，感到 7% 似乎也能接受。但是另一方面，心底里嫌贵的想法还是拂之不去。

事已至此，如果我们嫌对方要价太高，那也很简单，转头与美国公司合作就行了。但是，作为合作伙伴来说，还是飞利浦公司更合适。问题就是后者的条件太苛刻。最后，我还是决定与飞利浦公司合作，同时争取在这个 7% 的指标上还有转圜的余地。

仔细想来，美国的技术与飞利浦的技术，从技术本身来看并无多少差异。造成它们价格差异的，不在于技术本身，而在于如何运用技术创造成果。

既然如此，那么引入者不同是不是结果也会不一样呢？也许这个比喻不妥当，比如学校的老师有好有坏，学生也有好有坏。因此，无论老师多么擅长教学，既会有听不懂的学生，也会有一听就全明白的学生。换句话来说，既有让老师费心的学生，也有不用费心的学生。飞利浦公司说自己是好老师，所以一律要抽7%，但是这种思维方式是不是忽视了学生方面接受能力的差异呢？

于是，我对飞利浦公司说道："如果与我签约，你们将获得巨大的成功，这将是此前签约的任何一家公司所不可比拟的。如果其他公司能取得百分之百的成功的话，那么我们公司就能取得百分之三百的成功。松下电器的经营指导是有价值的。有鉴于此，我提议松下电器提3%的经营指导费，飞利浦收4.5%的技术援助费，怎么样？"

我的提案一出，对方大吃一惊："我们从未听说过，也从未支付过什么经营指导费。"不过，在我热心细致的说服之下，他们逐渐理解我的想法，最终接受了我的提案，飞利浦公司收取 4.5% 的技术援助费，松下电器收取 3% 的经营指导费。

技术可用与不可用，实际上取决于经营的好坏。因此，要让经营稳健出色，收取经营指导费也是理所当然的。况且，飞利浦公司以保证取得成功为由收取了高额的技术援助费。那么，松下电器对经营进行指导，为技术的成功引进提供经营的保证，收取一点经营指导费也是合情合理的。就这样，经营虽然是肉眼不可见的事物，但其价值还是得到了飞利浦公司的认同。

当然，我们首先得保证这个经营指导是值得的。

既然收取了 **3%** 的经营指导费，那么责任不可谓不重大。对于这一点，我是有充分认识的。作为飞利浦公司，我想他们一方面会满心期待，另一方面也会密切关注我们的经营指导。

就这样，我们在与飞利浦公司的谈判中，重新认识了经营的价值。其后，松下电子工业公司经过不懈的努力，逐步发展壮大，不久就发展成为飞利浦合作公司中最成功的一家公司。

雇跨国公司当掌柜——关于 2 亿日元保证金的决断

人往往容易陷入一种思维困境，就是一旦认定某种想法就很难换一个角度去思考。所以，当我们遇到问题，因不知所措而苦恼不堪时，就很难从苦恼的泥泞中爬出来。那么，这时我们该怎么办呢？

方法只有一个，那就是改变思路，换个角度看问题。这样我们就能找到迄今为止未能察觉的新观点、新思维。当然这不是件容易的事，但是只要能够换个角度看问题，我们就一定能由此开辟一条新路。

在上文谈到的与荷兰飞利浦公司合作一事中，我的苦恼多多。尽管技术援助费已从 7% 降到 4.5%，但是除此之外还有一个权利费，即飞利浦公司要求我们一次性支付保证金 55 万美元，约合当时的 2 亿日元。那时松下电器的资本金才 5 亿日元，这笔保证金相当于要耗去资本金的将近一半，可谓金额巨大，是个难以承受的负担。

　　为了与飞利浦公司签约，竟要支付如此巨额的保证金，值吗？这个问题一直困扰着我。当然，为了日本电子工业的发展，为了松下电器自身的发展，我就是赌上身家性命也要干。

　　除了巨额保证金以外，还有个问题，那就是合同。合同的条款完全是单方面的约束，比如松下电器如果犯了错误，那就要接受特定的处罚，或者撤走机械等。总之就是松下电器不能犯错，犯错就要接受惩罚，而对飞利浦公司却没有相应的约束。这份合同过于强势，如果我们全盘接受的话，飞利浦公司简直可以为所欲为了。这也是我感到苦恼的一大原因。

　　总之，我苦恼不堪，并且看不到苦恼的尽头。我第一次海外旅行是去美国，为期三个月，对当时的所见所闻无不感到稀罕有趣，因此全然不觉得疲劳。第二次海外旅行是游历美国与欧洲，为期两个月左右，感到有些疲惫。第三次海外旅行，目的仅有一个，就是与荷兰飞利浦公司签约，应该是最轻松的一次，实际上却疲惫不堪。

之所以如此疲惫，我想主要原因还是苦于如何做出决断，对究竟是否应该合作拿不定主意。我也曾责备自己：优柔寡断是种不成熟的表现；但另一方面也会宽慰自己，三思而行是人之常道，摸索着前进是人之常情。

不过，非常重要的一点是，即便是摸索着前行，也不可夹杂"私心"。我很庆幸的是，即便我对与飞利浦公司技术合作一事犹豫不定，但其中没有丝毫"私心"。

就在我日思夜想、举棋难定的时候，一件事忽然浮上心头。那就是飞利浦研究所当时竟有多达 3000 余名的研究人员，还有相应的完备的研究设施。

于是，我想到，飞利浦创办这个研究所要花费数十亿日元的巨资，而且还要花费许多时间来培养研究人员。而松下电器只需支付 2 亿日元，就可以尽情使用飞利浦的研究设施和研究人员，几乎就等同于把飞利浦公司的研究所变成自己的了。

如此看来，我付 2 亿日元，就相当于把飞利浦这样的大公司雇来当掌柜了。这样一想，我的心情豁然开朗。困扰我的诸多问题中，至少 2 亿日元的保证金问题解决了。好吧，我接受！就这样我们签约了。

后来，当我们与飞利浦公司合作成立松下电子工业公司时，飞利浦派来三位技师。他们并排站在我的面前，鞠躬说："我们前来报到，今后会好好干的！"
看到他们的身姿，我再次感到，这真跟雇了飞利浦公
司一个样啊！

人的决断往往取决于他思考问题的角度。从合同
的内容来看，花费巨资、合作不顺的话错在松下电
器，我们的设备厂房都可能被没收，条款非常苛刻。
但是如果换一个角度来看，我们是花一笔小钱，雇来
飞利浦这样的大公司当掌柜，我可以自由自在地使用
它，我原来的烦恼困扰便一扫而空了。

综上所述，我认为，换一种思路看待问题，是做
出决断的非常重要的方法。

激情孕育新事物——关于开发超级干电池的决断

为了事业的顺利推进，除了发挥自己的智慧和力量之外，借助他人的智慧和力量也是极为重要的。但这也要看时机分场合，因为有时候你不一定能借得来，而有时候你根本就不需要。这两种情况下你必须自力更生，自己把自己的事情做好。

松下电器曾经考虑引进美国 E 公司技术，生产更加持久耐用的干电池。我到 E 公司的母公司 U 去参观考察，诸事如意，回国后就对大家说要引进美国技术。

听了我的话，技术负责人热心地劝我道："不用引进美国技术，我们松下自己开发吧。"

可是我一心想尽早生产出更好的干电池，就对他说："你的心情我明白，不过与其花时间研究开发，还不如引进技术，尽早把产品做出来。"经过我的说服，他终于不再反对引进美国技术了。

对方公司在提供技术合作之前，先要了解松下电器是家什么样的公司，于是他们花了三个月的时间调查松下的工厂，随后得出的结论是，松下电器是家非常优秀的公司，是一个值得提供技术合作的好伙伴。于是，双方进入谈判。

这时，出现一个问题，就是技术引进的价格。对方要求的是2%。2%光听数字并不算多，只是对方所说的2%是连手电筒盒子都包含在一起的套装定价的2%。这太不合理了。所以我方的主张是，除去电筒，只计算干电池价格的2%。可是对方非常顽固，丝毫也不退让。这样一来，谈判触礁，毫无进展。

这下该怎么办呢？我把有关人员召集起来商量，我跟他们说："我想要干电池的新技术，但是美国公司的要价太高，连手电筒的盒子都包含在内算提成，这太不合理，我们不能答应。你们有什么好办法？"

这时，技术负责人又开始热心地重复此前的主张："为了引进技术而支付不合理的费用，这完全没必要。有那笔钱的话，我们一定能够自主开发出更好的产品。请公司让我们来做吧。"

听了他的一席话，我有些心动。的确，我是希望引进新技术，尽早开发出新产品，但是现实的问题是双方谈不拢。即便这样谈下去，由于双方的主张差距太大，谁也不愿让步就谈不出结果来，只是空耗时间而已。再去物色其他的海外合作公司，这也需要时间，几无可能。另一方面，技术负责人不断地在我耳边劝说。

于是，我对技术负责人说道："既然你如此热心，那就交给你来做吧！"就这样，松下电器决定独自开发超级干电池。

　　这个决断的做出虽然有过这样一段曲折的经历，但主要还是源自于技术负责人的巨大热忱。我一直以为，激情孕育新事物。比如，某个人心里有一个强烈的愿望，"无论如何我也要爬到二楼去"，那他就会设法制造一把梯子；而如果他只是心里一闪念，"真想到二楼看一看"，那他就不会想到造梯子。"我一定要爬到二楼上去，那才我是唯一的目的"，只有具备这种强烈愿望的人才会想到造梯子。

　　因此，在将事情委任于他人时，他有多大的热情是一个重要的衡量指标。当然，光有热情还不够，还需要才能与见识。而如果才能与见识兼备，那么投入工作的热情则不可或缺。只要他有足够的热情，我就认为他足堪胜任，也就容易做出决断了。

　　我们做出了自主开发干电池的决断，结果怎么样了呢？且不说项目负责人，松下电器的全体技术人员都受到强烈的刺激，纷纷投入巨大的热情开展研发工作。结果，激情孕育新事物。大家拼死努力，在很短的时间内就成功开发出不逊色于 E 公司的松下高性能干电池。

拂去泥土现真金——关于收购日本胜利公司的决断

事物的价值，有的以外观即可知晓，有的则难以判断，而如果外表上沾满污垢就更难识别其真实价值了。当然，有的人还是一眼就能看出常人看不见的价值，这种敏锐的洞察力需要丰富的阅历与日积月累的修炼才能获得。

昭和二十九年（1954 年），日本胜利公司成为松下系公司。当时我决定接手日本胜利公司基于两个理由。其一是日本胜利公司的经营濒临危机，他们试图从其他公司筹集运营资金但是处处碰壁，因此传闻他们打算重回对日本市场觊觎已久的美国 RCA 公司。正好我也听到了这个传闻。

日本胜利公司原本是美国胜利公司在日本的全资子公司，后美国胜利公司与 RCA 合并，日本胜利公司便又成为 RCA 的子公司。随着当时日美关系交恶，

RCA撤回资金，日本胜利公司被日本的 T 公司收购。

　　经过第二次世界大战，日本胜利公司的大楼和工厂全被炸成废墟，经历了一段极为苦难的历程。由于经营连续亏损，需要筹集资金，但是 T 公司自身也面临困难，不能继续注资，最终胜利公司由某家银行接手。可是天不遂人愿，昭和二十七年（1952 年），日本银行法修订，规定银行不能持有企业的股票，因此需要找一家公司来承接这部分股份。但是当时包括 T 公司在内，没有哪一家公司愿意承接这部分股份，并同时承揽随之而来的巨额负债。

　　就在胜利公司万念俱灰，考虑重回美国 RCA 时，我听到了这个消息。日本胜利公司一旦回到 RCA，那就意味着美国资本进入日本，日本产业界将承受巨大的打击。这是一个巨大的威胁。因为当时日本的产业界与现在不同，还很稚嫩，缺乏抵抗力，一旦外资进入，将陷入混乱之中。这可不行！于是，我决定接手深陷经营危机的日本胜利公司。

"那么，松下电器能承担 5 亿日元的负债吗？"

"没问题，我承担。不过我现时拿不出钱来。我会负起责任来的，请给我一些时间。"

"好的！"

事情就这样谈定了。

可是，当时我甚至都没有看过日本胜利公司的总部和工厂，也就是连实地考察都没有做过就做出决断接手经营了。也许有人会说："尽管有阻止美国资本进入日本的冠冕理由，但是都没有实地调研考察就决定承揽债务、接手经营，这未免有些草率。"那么，我为什么会不做实地考察就做出决断呢？

前面我说过，松下决定接收日本胜利公司基于两个理由。其一是为了阻止外资的进入；第二个理由就是，尽管我没有实地考察过日本胜利公司，但是我知道这家公司所拥有的价值。

　　"胜利公司现在只是一块沾满泥土的黄金，其价值没有显现出来而已。只要拂去表面的泥土，里面的黄金就会放出灿烂的光辉。因此，即使没有看过他们的工厂，我也相信他们的价值。"

　　就在当时，我们的心腹大患 RCA 公司已经开出报价，仅是日本胜利的商标权他们就愿意出价 3 亿日元。要知道，资本金仅 2 千万日元的日本胜利公司当时的账面亏损额达 5 亿日元。面对这样一个公司，RCA 仅仅商标权就愿意付出 3 亿日元，这说明 RCA 是知道日本胜利公司的价值的。我也知道它的价值。

如果胜利公司被 RCA 收购，这将给日本产业界带来不安。因此我才迅速做出接手的决断。

接手日本胜利公司之后，我们调查发现，这家公司具有非常出色的技术，只是公司的经营未能让技术充分发挥出效果来。于是，我从松下电器派出两名经营负责人，着手公司的重建。

后来，日本胜利公司运用松下电器的经营理念，发挥自身的技术优势和经验，逐步重建，快速发展起来。这不正是洗去泥污、重现真金的过程吗！

"放弃"的决断——关于中断大型电子计算机研发的决断

一个决断如能得到所有人的理解和认同，这是再好不过的了。但实际上，得不到所有人认同的决断也并不鲜见。要得到所有人的理解和认同是很困难的，但是作为经营者、管理者，虽会冒天下之大不韪，也要敢于做出决断，当断则断。

昭和三十九年（1964年）十月，松下通信工业公司宣布放弃研发中的商用大型计算机项目。消息一经发布，在松下电器内外引起强烈的反响。"松下是因为缺乏技术而放弃的吗"等批评之声不绝于耳。如果因为公司经营不慎，出现赤字，那么裁掉这个项目，外界也许会称赞我们"壮士断腕"，但是我们公司的经营一直顺风顺水，突然宣布放弃进行中的项目，自然会招来猜测之声。

那么，我们为什么要撤出大型计算机项目呢？如果项目启动不久或者尚未投入太多资金时撤出，人们比较容易理解。可是关于电子计算机项目，为了实现量产化，我们已经投入了十多亿日元的研究经费，花费了五年时间，并且研制的一两台样机已经进入到实用化阶段。

此外，包括松下在内，七家从事电子计算机研究开发的公司分别出资两亿日元，组建了日本电子工业振兴协会，进行高性能机种的共同开发。可以说，我们迈出的步伐是非常坚实的。但是，另一方面，我也不时感到，七家日本公司花费巨资投入到电子计算机方面的研究开发，值吗？

恰巧当时美国切斯·曼哈顿银行的副行长来访，在交谈中话题转到了电子计算机上，当他听到包含松下在内的七家日本公司正在开发电子计算机时，大为惊讶，说道："我的银行向全世界贷款，据我所知，计算机厂家几乎全都面临经营困境，没有倒闭的也仅仅靠着其他部门的盈利接济。计算机部门无一不是处于亏损之中。在美国，除了 IBM 以外，其他公司都日趋式微，处于苦苦挣扎之中。日本竟有七家公司要进入这个行业，这未免太多了。"

听了他的话，我深有同感，觉得这真是一个值得认真思考的大问题。

"是啊，我也觉得有点多，在日本有三家去做就够了。"

"我认为您的想法是明智的。"

副行长留下这句话后就走了。他走后，我想了很多。七家确实有点多，这一点我也早就想到过，不过一想到电子计算机的未来，想到公司竭尽全力的投入，我又觉得还是应该将目前的态势保持下去。

问题是电子计算机的未来究竟会怎样呢？副行长说接受过他们银行贷款的电子计算机公司大多经营不振，日趋式微。他的判断不会有错。不管哪家公司，他们的计算机部门都在亏损。可是日本却有七家公司还在投资开发，这是不是太多了？

当然，投资研发者众多，并不意味着松下就要退下来，其他公司也可以退下来。但是，作为松下电器来说，在电子计算机的研发上既然付出如此巨大的努力，还不如把这些努力投入到其他更值得做的事业上去。当断则断，此其时也。就这样，经过反复思考，我做出决断，撤下大型计算机的研发项目。

关于我的这项决断，正如前文所述，世间议论纷纷，莫衷一是，我也是甘愿领受，不予回应。后来，GE、RCA、西门子等国际性电机厂家纷纷从电子计算机行业撤出，美国也只剩下IBM一家独占大部分市场。

3

正确之路

想起汗流满面的员工——追求合理的价格

在商品交易上，价格的谈判是重要的一环，讨价还价可以说是世间通行的现象。从购买者的角度来说，价格越便宜获利越大，因此尽量砍价也是人之常情吧。

但从销售方（那些企图牟取暴利的不良商家姑且不论）来说，定价过低则会招致亏损，或者即便不亏损但也得不到合理的利益。所以，讨价还价虽然是长期以来的商业习惯，但这种习惯是好是坏，我觉得还是值得大家思考的。

松下电器还是一家小小的街道工厂时，公司的产品由我亲自负责销售。当时，在我们的客户中有一位砍价高手。有一次我到他那里去，他一看到我的商品就开始砍价："价格太贵了！不降价根本卖不出去。"

我也拼命还价，希望他按照我们的定价销售，可是对方对砍价太过执着，滔滔辩才难以抵挡，我觉得自己快说不过对方了。如果按照对方的要求降价，我方虽无利润，但还不至于亏损，所以那一瞬间我觉得只有降价了。

就在"好吧，我降价"这句话将要说出口时，忽然我脑中浮现出一个形象。是什么呢？那就是在我的工厂里拼命工作着的年轻员工们。就在我四处卖货时，他们正在工厂拼命工作呢！

当时正好是酷热的夏天，车间里就更加炎热。由于产品的材料要在加热的铁板上加工制作，所以车间就如酷热地狱一般，每个人都汗流浃背地工作着。

我每天也会有半天的时间是在这种环境中工作，其炎热、其艰苦，可谓感同身受。所以，当这些汗流满面的年轻员工的形象浮现心头时，我又把降价的话吞了回去。我降价，虽然不至于亏损，但是失去了合理的利益。这个产品是大家冒着炎热酷暑、汗流浃背地制造出来的，他们的成果如果这么廉价地卖出去就太遗憾了，而单凭我一个人的主意就降价，更是对不起工人们。

于是，我郑重其事地对这位客户说道："在我们工厂，大家就是在这样的环境里，流血淌汗，拼命工

作的。我们的产品是按照正常的计算方法确定的价
格。如果在这个价格的基础上再砍价，那比砍我的身
体还难受。所以，就请您按照这个价格买下吧。"

客户听着我的诉说，紧紧地盯着我，然后粲然一
笑，说道："啊呀，还是你厉害！不降价的理由，有
千条万条，可是你说的与他们不一样。你这样一说，
我无法拒绝。好，就按照你们的价格，我买了！"

我并不是一味地还价才那么说的，而是真的想起
了那些员工们的身影，因此每一句话都出自真情实
感。结果，大家的工作价值得到了合理的肯定，我感
到很高兴。

从此以后，我们在努力提高产品品质的同时，在
定价上也更为慎重，致力于确定一个合理妥当的价

格。其结果是，松下电器的产品不仅品质好，价格也公道，这种市场形象得到了大家的认可，也构成了公司信用的一部分。

作为当时的一种商业习惯，任何街道工厂的产品都会遇到砍价的情况。但是松下电器始终贯彻一条原则，那就是不接受砍价。这样说来，似乎松下电器在强迫消费者接受高价，但实际上并非如此。毋庸赘言，价高就不会有消费者买你的东西了。

我们在定价的时候，真是从各个方面慎重考虑，努力确定一个社会能够接受的合理妥当的价格。结果很荣幸，我们松下电器获得了消费者的信任。

世间也有错——首次买汽车

我认为"世间"的看法与思潮，总体来说是正确合理的，但是具体到每一件事，世间的看法与思潮并不总是对的。因此当自己的看法与世人不一致而你又觉得自己正确时，就要鼓起勇气，或公开发出自己的声音或私下与人交换意见，尽力将世人的错误改过来。

昭和五年（1930年），松下电器首次购买了一台小轿车。当时在大阪，拥有小轿车的公司屈指可数。松下电器购买的是大型斯蒂庞克汽车，汽车的登记号码是59号，也就是说当时大阪只有58辆轿车。第一号是大阪知事的车。

买车这件事，在当时可真是一件引人注目的大事，更何况是松下电器这样的街道工厂买车，更是极为罕见。但是，冒着被舆论批评的风险，我还是买了。我为什么会做出买车的决断呢？

当时，由于政府的财政紧缩政策，经济萧条且日趋恶化。政府各省厅率先垂范，废止或裁减公用汽车。民间公司与团体也纷纷效仿，紧缩经营，致使经济每况愈下。

工厂举步维艰，商店门可罗雀。商品滞销、新的工程建筑停工，建筑工人四处寻找工作，街头到处都是失业者。毕业生找不到工作。

我就想，这是什么原因造成的呢？原因就在于政府的错误指导，是整体性的抑制消费所致。由于消费受到抑制，生产减少，经济停滞。要打破困境，第一要务是刺激消费。为此在社会的各个方面需要激活生产，同时购买和使用日常不买、不用的东西。有钱人更应多买多用，如此才可刺激消费，激活物资的生产，最终促进经济复苏，减少失业人数。

可是，当时政府与民间却反其道行之，普遍采取紧缩策略，尽量减少金钱开支与物品使用。在这种氛围之下，令人觉得使用金钱和物资似乎是一种反社会的行为。这股风潮就是鼓励大家努力把经济搞得更萧条。可是谁也不怀疑这种股风潮是否是错误的，这真是令人匪夷所思。

恰在此时，某汽车商行向我推荐汽车："最近汽车根本卖不动。您就帮帮我，买一台吧，我会给您优惠的。"

这时，我的脑海里突然闪过一个念头。

"迄今为止，松下电器这个街道工厂，从来没有想过买汽车。可是，为了促进经济的向上发展，就必须同时提高生产和刺激消费。当今社会正需要刺激消费，有购买力的人买东西就是在帮助世人。他今天要我买汽车，这也许就是来自世间的要求吧。"

这样一想，我当即决定买车。汽车商行的人惊喜万分，以非常便宜的价格把车卖给了我。

其后不久，附近的一个朋友来访，他说："一直以来，我就想建一所新房子，可是在这种不景气的情况下，我觉得还是推迟一段时间为好。所有公司和商店都在缩减开支，厉行节约，在这种风潮下我建新房子似乎有点不合适。"

我因为有了前文所述的想法，就对他说："喂，你要停止建房，这可不对。要扭转这种经济不景气的状况，就需要你们有钱人多多花钱。你们花钱了，东西就能卖起来，大家的工作机会才能增加，经济也才能逐渐复苏。所以，该建房你就建房吧。"

我接着说："现今这种风潮下，建新房子确实有点扎眼，不过这是因为他们还不理解。当一件事于己于人都有利时，大胆去做，受点批评何足挂齿呢？我自己就刚刚买了一辆小汽车。而且，得到的优惠也只有现在才有。你建房子也是一样的。"

听了我的话，朋友深以为然，决定建新房。后来，他因为用较小的成本建成了一栋新房子而高兴不已。那时与今天，时过境迁，大不相同，但是基本的看法仍有相通之处，不是吗？

生产减半不裁员——特殊时期，特殊决断

所谓正确之路，有时看似复杂，其实很简单。不过这看似简单的事，有时又由于时势或其他种种原因而把自己绕进九曲十八弯里，结果越弄越糊涂。这种景象，也许大家并不鲜见。因此当我们有了某种想法时，要从不同角度审视思考，然后再扪心自问，这种想法能促使我们走在正确之路上吗？

昭和四年（1929 年）年底，由于整个行业不景气，松下电器也面临着不得不裁撤半数员工的窘境。当时的政府采取黄金解禁政策，导致经济全面萧条。

商品销售急速减退，工厂关闭潮此起彼伏，几乎到处都有公司关门歇业。有的银行出现挤兑骚动，还有的银行破产倒闭。在日本各地，员工减薪、解雇问题引发激烈的劳资冲突。在这种状态下，混乱已经不限于经济界，而是波及整个社会了。

松下电器也不例外，产品突然滞销，销量减少到

通常状态下的一半多。转眼之间，库存堆积如山。黄金解禁令颁布一个月之后，正值十二月末，松下电器仓库里的存货已经满满当当，再也装不进新产品了。

如果当时松下电器资金富裕，出现这种状况并不令人太过担忧。但问题是当时资金不足，如果这种状况持续下去，公司的经营就将难以为继。

祸不单行，恰在此时我又卧病在床。公司的干部们非常担心，都跑过来看我。作为公司干部，他们经过深思熟虑，向我提出了经营危机的应对之策。"产品销售减半，生产也需要相应地减半。随之而来的是，员工也必须减半。除此之外，别无他法。"这是干部们的结论。

听了他们的结论，我觉得无可厚非。这些应对之策可谓非常时期的常用之策，只要是经营者都会想到这些办法。可是我却在想，这样做真的是松下电器的正确之路吗？松下电器眼下确实举步维艰，员工减半或许是摆脱困境的一条途径，可是如果结合松下电器的未来考虑，我是抱持着要把松下电器做大做强的信念的，现在裁员，那就难免动摇我一直以来的经营信念。这是个非常严重的问题。因此，我的想法是尽量避免裁员。

但是持续目前的生产体制是不可能的，因此一天只开工半天，以生产减半来应对销售减半。不过如果因为开工半天就工资减半，这仍有变相解雇之嫌，因此仍按全薪支付。采用这种方法，公司的确会蒙受一些损失，但从长远来看这只是一时性的，问题不大。

接下来就是如何消化堆积如山的库存。首先必须想方设法把库存卖出去。不能卖不动、没法子就放弃，该卖的就一定要卖出去。这不是理所当然的事吗？也许销售人员已经十分努力了，但还要不屈不挠、持之以恒。不论白天黑夜，大家就算放弃节日公休，也要竭尽全力把积压的产品卖出去。

经过这些思考，我做出了决断，并把决断的内容告诉了公司的干部们。

"自即日起生产减半，但员工一个也不解雇。虽然只上半天班，生产减半，但员工的工资全额支付。同时，全体员工停止节日公休，全力投入到库存产品的销售中去。"

听了我的决断，干部们非常高兴，誓言一定完成销售任务。而全体员工更不用说了，他们欣喜万分，不仅誓言完成任务，还立刻全身心地投入到销售之中。结果到翌年二月，库存产品奇迹般地消失了。由此可见，只要全力去卖，总是能卖掉的。世上无难事，只怕有心人。从那以后，松下电器很快恢复活力，全天开工、满负荷生产也满足不了日益增加的订单。

由此看来，所谓销售减半则生产减半，生产减半则员工减半，这虽是通常的一种经营思路，但是显然存在一定的局限性。产品滞销则全力投入销售，持之以恒，贯彻始终，这才是应走之路。只要在这条路上投入地走下去，虽有曲折，前途必定光明。

抑制不住的心情——我为什么创办 PHP

人有千姿百态，行为与思想也千差万别。有的思想与行为令人欣悦，有的则让人难以接受。有时，我们不禁侧目，他怎么会这样呢？为其费神思量，感到痛心，叹息不已。有时我们会因为无能为力而放弃，有时则要反其道而行之。

第二次世界大战结束之际，松下电器的下属工厂积存了大量原材料。在原材料匮乏的战后复兴期，这些原材料为生产做出了贡献。很快，仓库中积存的这些材料就消耗一空。可是，当我们想补充新材料时，却无法办到。以钢铁为例，国内钢铁行业竟然没有生产。问其理由，说是政府还没有颁布制铁方针。此外，即便有原材料，运输也是个难题，要么没有运输手段，要么缺乏燃料机器不能运转。经济界呈现出一片混乱的状况，人们茫然不知所措，也就无从鼓起干劲投入工作。

　　战败之后出现这种状况，也是不可避免的。有的
人这样一想，便偃旗息鼓，随波逐流。事实上，很多
人就是如此。但是作为一个有着众多员工的经营者，
我不能这样想，因为这关系到好几万人的生活，我不
能轻易接受现状，认命服输。

　　但是要打破现状，仅凭我一个人的力量是不够
的。虽然力量不够，但束手无策则一事无成。怎么
办？没办法。可是这样行吗？不行。我不禁陷入深深
的思索中。

　　"今日日本，国民无不盼望物资生产，但是国民
行为却与其愿望相悖，都不从事物资之生产。这其中
必有某种错误。而且，就结论而言，我想我们日本人
是否都忘记了真正的道理了呢？因此，我以为我们每
个人都要恢复本心，找到自己真正的思想。"

　　"我们为什么会陷入这样一种境地呢？一方面我

们祈求繁荣、追求和平，另一方面我们却亲手毁掉繁荣，搅乱和平。这是我们作为一个人应有的作为吗？为什么会发生那场战争，制造悲剧，招来不幸呢？天空中飞翔的小鸟尚且知道吃饱肚子快乐生活，而作为万物之灵长的人却挑起战争，让自己因为缺乏粮食而陷入营养失调，终而饿死的悲惨境地。这是人应有的作为吗？人不是应该生活得更好吗？"

思来想去，我发现最终还是人的问题。战后的混乱、战争的惨状，这绝非天灾，而是人祸。因此，要消除人类的不幸，首先要研究人，研究什么是人、人应该怎样生活，这是极为重要的课题。

但是当问题思考至此，我发现这非一己之力所能为，而且单靠我一个人思考也无济于事。需要有更多的人一起思考人是什么，致力于恢复本心，找到自己真正的思想。

基于这种想法，我提议成立 PHP 研究所。我也听取了其他人的意见，大家都很赞成，认为是件好事，值得去做。惴惴然的心情终于踏实下来。但是我毕竟只是一名电器商人，既无学问也无专业知识，而对于这类社会活动，我更是缺乏知识与经历。因此，虽然我提议成立 PHP 研究所，也得到了大家的赞同，但是我对自己是否真有这种资格，还是心怀忐忑。

不过，我不能因为这些顾虑而瞻前顾后，踌躇不定。此时不做，更待何时！我就是抱着这样的心情决定设立 PHP 研究所的。

昭和二十一年（1946年）十一月，我创办 PHP 研究所，以此为平台，集聚民间智慧和力量，研究什么是人，怎样才能为人类带来繁荣、和平与幸福，同时我们也会向全社会提供种种促进繁荣的建言。

PHP 研究所建立之初，道路并不平坦，经历了种种艰辛曲折。幸运的是，在大家的热心支持下，PHP 研究所走到了今天。目前，PHP 出版有月销量达 100 多万册的 *PHP* 杂志、月刊 *Voice* 以及其他数不胜数的图书，同时还举办 PHP 之友、PHP 学习会等内容广泛、形式多样的活动。

抗争到底——不服被认定为财阀，连续抗议四年

有一个词叫"顺势而为"，我觉得这是立身处世中一条重要哲学。换句话说，顺应潮流可以说是一种重要的生存方式，比起逆流而动，更安全，更少犯错误。顺势而为，不犯错误，自然皆大欢喜。但是对那些虽合乎潮流但却不能令自己信服之事，就不能轻易妥协，要坚信自己并抗争到底。

第二次世界大战结束之后，全日本都陷于艰难境地，松下电器也不例外，举步维艰。战前，松下电器主要生产家用电器，可称为和平产业。但是战争期间，由于军方的强制要求，松下电器被指定为"军需公司"，被迫生产了武器、舰船和飞机。因此当战后松下电器试图恢复生产家用电器时，被占领军勒令停止生产，继而被认定为"限制公司"，所有资产被冻结，公司经营日趋萎缩。随后我又被认定为财阀家族。

我认为，作为战胜方，占领军发布种种指令，这是他们的权力，我作为战败国的日本人必须服从。但是这并不意味着面对他们的任何指令，我都要无条件服从。占领军也是人，不是神。既然是人，也会犯错误。如果是错误的指令，那就无需服从。

我无论如何也不能接受的一点是，占领军认定我是财阀。当时，占领军通过在日本认定财阀，从而达到解体财阀的目的，这是他们不得已而为之的事，我很理解。但是松下电器被指定为财阀公司，这不合道理。

这是因为，所谓财阀，应该指的是三井、三菱、住友、安田、古河等强大的集团，他们历经数代人的传承发展，统辖为数众多的公司，不仅有影响日本经济的实力，还能驱动日本的政治运转。占领军正是因为忧虑这些强大集团的力量，才着手解散财阀的。

可是松下电器与这些财阀截然不同，它不过是从一家街道工厂逐渐发展起来的电器公司。因此如果财阀有明确的定义，松下电器肯定是不符合这一定义的。

那么松下电器为什么被认定为财阀呢？我相信是出于误解。误解的理由是可以推测出来的。只要翻看当时松下电器的公司资料，就会发现松下罗列着众多的子公司，其中还有船舶与飞机制造公司。如此一看，遭到误解也是情有可原的。不过实际情况是，所谓船舶与飞机，不过是木材做的，而且飞机仅生产了三架。遗憾的是，资料上反映不出实情，占领军大章一盖，我就变成了财阀。

这显然是他们犯错了，把我这家普通的公司错当成财阀企业了。这种错误的认定，我也必须服从吗？就好比我本没有杀人，却让我必须接受杀人的死刑惩罚，这合理吗？

经过反复思考，我做出一个结论，那就是"我不能服从这种错误的认定"。当时被认定为财阀的 14 家公司中，有 13 家公司的社长辞去职务，唯独我没有辞职。如果顺应潮流的话，我应该默默地顺从占领军的认定，辞去社长之职。但是我坚信占领军的认定是错误的，所以我拒绝辞职。

不仅如此，我还向占领军提出抗议，指出他们的错误，要求撤销对我的财阀认定。占领军接受了我的抗议，但并不承认自己的错误。你不承认，那我也不能善罢甘休。于是我一次又一次地到占领军司令部去抗议。

如是反复，持续了三年有余，抗议的次数超过五十次，与抗议有关的资料多达五千余页。搜集这么多的材料，目的就是一个，从各种角度论证我不是财阀。在此期间，我的个人资产也被冻结，连付给佣人的工资都要一一求得占领军的批准。生活状态可谓陷入谷底，不得不向友人借钱度日。

但是我从不灰心，持续不断地抗议，终于在被认定为财阀的三年半之后，占领军接受了我的抗议，解除了对我的财阀认定。

当初被认定为财阀时，我如果认为自己毫无胜算就放弃抗议的话，不知道后来会怎样，至少没有今天的我了，松下电器也一样。但是，那时我坚信，即便是占领军，错了就是错了，有错必改。最终通过不屈不挠的努力，自己的这一信念转变成了现实。

说到这里，我想指出的是，当我们面对困难时，重要的是要做出冷静的判断。而当你认为这个判断是正确的，那就不遗余力地投入进去。采取暧昧的态度，向现实妥协，也许可得一时轻松，但绝不会产生更好的结果。

变"不可能"为可能——降价 20% 的谈判

世间之事，可能与不可能往往在于你的一念之间。有的事，原本是可能做到的，但你以为做不到，结果就真的做不到。而有的事原本做不到，你只要一心努力，坚信自己能做到，结果往往真的就做到了。只要我们想一想，人类连在空中飞翔，探访月球都能做到，那么为一些小事而灰心沮丧，岂不是扼杀了人的无限潜力？

面对困难时不逃避而是鼓起勇气克服困难，人们就能发挥出意想不到的智慧和力量，取得惠己惠人的成就。

昭和三十六年（1961 年），我有一次去松下通信工业公司时，公司的干部们正在开会。我问："今天的会议讨论什么呀？"大家满脸沮丧地答道："唉，丰田汽车公司提出谈判，要求大幅降价。"事情的原委是这样的，丰田汽车公司要求松下通信工业公司供货的汽车音响从即日起先降价 5%，未来半年之内再降价 15%，共计要求降价 20%。丰田公司之所以提出这种要求，是由于实现贸易自由化之后，丰田公司面对着美国等海外汽车企业的竞争，当时日本车的价格高很多，毫无竞争力，面临全线崩溃的危险。

为此，丰田公司拼命削减成本，松下通信工业公司供货的汽车音响作为汽车的配件之一，自然是削减成本的对象。当时与今天不同，今天日本已经能够生产出更便宜的汽车，不知道那段历史的人可能一时还不能理解为什么日系车的成本降不下来，但在当时，日本的汽车行业确实面临着巨大的生存压力。

听了他们的介绍，我问道："现在的利润率是多少？"

"只有 3%。"

"确实不多。利润率只有 3%，这本身就有问题。现在还要求降价 20%，真是头痛啊！"

"所以，我们这才在这里开会商量。"

开会商量对策，自然是好事，但问题却不是那么容易解决的。只有 3% 的利润，却要降价 20%，也就是说将出现 17% 的赤字。有人会说，这种要求太过分了，不能接受。可能大家普遍都是这么看的吧。

由此看来，面对丰田公司的要求，一口回绝"做不到"，这也是一个办法。从常识来看，拒绝降价是很正常的。即便不一口拒绝，与丰田公司交涉，别降那么多，这也是个可以考虑的办法。不过，一开始就想到"做不到"，这未免太缺乏智慧了。于是，我首先把"做不到"扔到一边，站在丰田公司的角度，思考他们为什么会提出那样的要求。我觉得，如果松下电器与丰田公司一样，面临着贸易自由化的冲击，或许也会提出同样的要求。

这样一想，我觉得面对这种状况，松下电器固然难办，但是丰田的状况更令人担心：怎样在降价之后还能维持日本的汽车产业，并使之发展壮大，他们为之殚精竭虑，丝毫不敢懈怠。而松下电器只是从自身利益出发，觉得降价的要求难以接受，这真是令人羞愧。现在我们能做的不是拒绝降价，而是必须降价：千方百计把价格降下来。

接下来就是怎么把价格降下来的问题了。这必须从零开始，推倒重来。现有的产品事实上已经不可能再降价20%了，那就换一个思路，重新思考。于是，我向他们做出了如下指示。

性能不能降低。外观设计根据对方的要求也不能改变。在保持这两项不变的前提下，我们可以变更设计。也就是说，只要满足那两个条件，你们可以重新设计，力求在降价20%的基础上还能有合理的利润。

在达到这个目标之前，暂时出现一些损失也不要紧。这不是单纯接受丰田公司的降价要求，同时也意味着接受了维持日本汽车产业持续发展的公众呼声，我们必须这样看待这件事情。让我们一起努力实现这个目标吧！

我发出这个指示一年之后，再询问这件事时，松下通信工业公司回复我说："已经按照丰田公司的要求降价，并且也保证了合理的利润。"大幅度降价的要求变成了一个契机，促使松下通信工业公司通过艰苦的努力，成功地对产品做出了根本性的改良。我认为这才是兴办事业应有的姿态。

无论是兴办事业还是其他，如果只想到"这不可能"，那就一事无成。但是如果坚信自己能成，一门心思想着怎样才能做好、做到，那就能变"不可能"为可能，由此不但能取得优异的成果，还能让自己不断完善和提高。这种思维方式也是经营者殊为重要的资质之一。

事不成，责任在己——热海会议的感动

我们很容易看到别人的缺点。当出现问题时，往往先撇清自己，同时委过于人。难道自己就真的一点责任也没有吗？事实并非如此。有时你认为责任全在他人，与自己毫无关系，这只是一种常人的思维局限。如果超越普通人的思维局限，站在一个更高的角度来看的话，出现问题既是他人的责任，实际上也是自己的责任。

因此，我们在将责任归咎于他人之前，先想想自己是不是也有应担之责。

回顾松下电器的经营之路，有一件事我难以忘怀，那就是"热海会议"。昭和三十九年（1964年），松下电器邀请全日本170家销售公司及代理商的社长聚集热海，举办恳谈会，了解他们的经营现状，听取大家的意见。这次会议后来被称作"热海会议"。

为什么要举办热海会议呢？当时日本经济状况恶化，不少企业倒闭。家用电器行业同样如此，号称一流的大公司也出现巨额亏损，经营状况严重恶化，并且在业内已成蔓延之势。在这种形势下，我急于了解松下电器的代理商以及销售公司的经营状况，于是就召集了这次会议。

实际一了解，发现情况非常糟糕。出席会议的社长们异口同声，抱怨连年经营赤字。而且，按照他们的说法，经营恶化的原因在于松下电器的指导有误，甚至还有这样的意见："我们从父辈那一代起就是松下电器的代理商，最近几年却连年亏损，你们松下电器对得起我们吗？"赚钱的公司也有，只是一小部分，大部分公司都处于亏损状态。因此在本次会议上，追究厂家责任、追究松下电器责任的不平、不满之声此起彼伏。

就在大家的抱怨与不满之中，第一天的会议结束了。第二天，会上仍然充斥着对松下电器的抱怨和不满，我实在忍不住了，开始陈述意见，做出反驳。

我说："公司出现赤字，首先是公司经营不善所致。大家是不是有点太过于依赖松下电器了？"此言一出，立刻招来一片激烈的反对之声。

会议情形与昨天如出一辙，如此下去何时是个尽头呢？我觉得是该做个结论了。可是，该做个怎样的结论呢？会议中双方的意见完全是两条平行线。销售公司认为松下电器不好，而松下电器则认为销售公司的经营不善。大家不过是从不同的角度反复重申自己的主张而已。

但是，我必须做出结论。我开始反思种种不满之声。这些不满的背后，一方面出自代理店、销售公司自身经营不善，我也指出了这一点。另外一方面，冷静思考之后，我觉得松下电器也有许多必须加以改善的问题。代理商们之所以会有如此多的抱怨和不满，跟松下电器自身的销售方式、思考方式不完善也是有关系的。

　　由此看来，松下电器也有责任，不，大部分责任在松下电器身上。我深深地感受到了这一点，觉得反省的应该是松下电器。我们在得到代理店、销售公司的信赖之后，不知不觉间出现疏忽懈怠，这是产生今日这种局面的根本原因。

　　我感到，松下电器必须回到创业的初心。在创业之时，我们把工厂制造的产品拿到批发商那里，听取他们的批评，反复修改产品，再怀着感恩之心把产品卖出去。无论公司发展得多大，这种诚心诚意的态度都是不可丢失的。

　　但凡有过则委过于人，抱有这种想法的人可谓大错特错。我们有时不由自主地期盼代理商能自动做得更好，这也是大错特错的。说到底，错在自己，我们必须要从自身上找原因。

　　想到这些，我说了下面一席话。

　　"松下电器能发展到今天，这都是在座的各位以及各位的父辈精心培育和指导的结果。想到这些，我还对大家的经营现状提出批评，真是很不应该。大家出现亏损，这都是松下电器关心不够所致。今后，松下电器一定要在生意以及其他所有方面做出根本性的改变，为实现大家的经营安泰及行业稳定付出真心实意的努力。"

　　当时，我想起了松下电器首次生产和销售电灯泡的事，并把那段故事讲了出来。在前文中已经说过，松下电器首次生产销售的灯泡在定价上与当时的一等

产品同价，批发商以价格太高为由拒绝进货。我恳请
批发商从培养松下电器、发展电器行业的角度进货并
代理销售。最终我的请求得到了批发商的理解。从那
以后，松下电器开发生产了许多一流的电器器具，受
到了市场的欢迎。这一切都离不开代理商、销售公司
的鼎力支持。

　　抚今追昔，讲着讲着，我不禁热泪盈眶，声音哽
咽，说不出话来。受我感染，在座的社长们也纷纷掏
出手绢，擦拭眼泪。

　　某个代理商的社长站起来说道："松下电器与我
们并不只是单纯的金钱关系，我们之间还有更深的精
神纽带。这两天，我们一味地指责松下电器，把所有
的不好都推给松下电器，这是我们的不对。"

就这样，连续两天的激烈论战，最终演变成暖人心肺的温馨一幕。

后来，松下电器根据这次热海会议的精神，制定了新的销售制度并付诸实施。幸运的是，经过努力不论是销售公司还是代理商乃至销售门店的业绩都普遍好转，呈现出可喜的经营局面。

兼任营业本部长——非常时期的决断法

非常时期须有非常手段。这就如烈焰袭来，你却仍如往常一样不紧不慢，那就可能被大火所吞噬。这时你该做的是踢开门窗，尽快逃离火海。因此，当你处于非常时期时，就必须采取相应的手段和行动。

昭和三十九年（1964年），日本国内经济低迷，身为松下电器会长的我，兼任营业本部长，重回第一线，这可以说是非常时期的非常手段吧。当时，日本的经济极不景气，电器行业也是哀鸿遍野。在这样的背景下，如前文所述，我们举办"热海会议"，了解客户的经营实情，探讨松下电器应该采取何种对策。

多数客户的经营状况已经严重恶化，而且他们对松下电器的想法和态度非常不满。从客户们的牢骚和抱怨中，我感到对他们来说，如果平生无难、一切顺利，那自然没有任何问题；但一旦面临困境，他们还是希望有一个坚强的后盾，这样他们才有直面困境的

勇气。但现今的松下电器，无论是指导方针还是经营
理念都未免有些力不从心。

　　松下电器自创业至今，无论是面对代理商还是面
对社会，始终保持着自己的处世之道。此间虽历经风
雨，但是来自代理商的信赖从来不曾改变。然而现在
他们的信赖却产生动摇，这不禁令我深思：松下电器
的基本方针不曾改变，那是什么原因使得代理商们产
生动摇了呢？是不是我们在将基本方针落实到代理商
的过程中出现了偏差呢？

　　作为松下电器，面对这一现状，必须拿出新的办
法，克服当前的困难。然而，极为不巧的是，恰在此
时，公司销售业务的最高负责人营业本部长因病住
院了。

　　当务之急是尽快选择一个适当的人选来接替他的职位，可是公司的高层管理人员都有工厂或技术管理的具体业务，社长、副社长也是忙得自顾不暇。在其他公司，常务董事以上的高管基本上不管具体事务，更多的是总揽数个部门，看要点、发指示。松下电器不同，我们的高管每人手头都有一摊事。营业本部的本部长既是公司的常务董事，同时也负责营业本部的大小事务。也许是过度劳累所致，本部长罹患肝病，住进了医院。治疗肝病最重要的是休养，因此相当一段时间内，不能让他再为公司的销售牵肠挂肚了。

　　营业本部负责公司的产品销售，是个非常重要的部门，必须由一位常务董事以上的高管去承担起强有力的领导才行。

　　从其他部门调派人员是不可能的了。于是，我想到了我自己。我手头没有具体的业务，担任会长后退居二线。所谓退居二线，并非游手好闲，每天也是忙得不亦乐乎。好在这些工作虽然与公司有关，但毕竟不是具体业务，因此去营业本部帮个忙还是可以做到的。

尽管如此，身为会长的我重返一线担任本部长，这难免会引来猜疑，引发种种遐想：那么大的公司，即便本部长病了，难道就派不出一个合适的人选来，还要让会长重回第一线？这些猜疑对公司的信用绝无益处，反而还会有负面影响。即使没有负面影响，这也不是值得称道的行为。

这样一想，我的这一决定并非好事，有很大的负面影响，还不如不做。但是，现在的问题不在于我是否应该去营业本部，而是对当今、经济界、行业乃至公司客户的现状，我们该怎么看的问题。

我认为，眼下事态严重，换句话说就是非常时期。非常时期要有非常手段。如果在平时，会长去代理营业本部长一职，人们会认为公司营业能力欠佳，但现在是非常时期，要有非常时期的手段与行动。于是我决定重返第一线，代理营业本部长之职。

到任后，我详细调查了销售现状，制定和实施了新的销售制度。在实施过程中，虽然遇到了种种意想不到的问题，但最终都得到了客户的理解和支持，他们的经营业绩以及整个行业的状况都一步一步地好起来了。

4

追求的心

未能作出决断的故事——放弃做学徒的时候

人有时会有想说而不能说、必须说而又说不出口的事。为什么会这样呢？还是因为难以启齿。我们总会有很多"难以启齿"的时候。当今社会，人们倡导言论自由，但是由于对象、情境的不同，我们会遇到许许多多难以启齿的尴尬情境。尽管难以启齿，但是该说的还是要说出来。

话虽如此，在我放弃做学徒的时候，我也没能做到这一点。该说的话，我怎么也说不出口。

明治三十七年（1904年），我十一岁，去大阪当学徒，先在一家火钵店做了三个月，然后在一家名叫五代商会的自行车车行里当了六年学徒。在我刚加入五代商会的时候，自行车还是稀罕物，价格昂贵，不是一般人能买得起的。

过了五六年，自行车逐渐普及，价格也逐渐便宜起来。五代商会随之发展，从一家自行车零售商壮大成一家颇有实力的自行车批发行。

当时，大阪市发布了铺设城市电车、发展交通网络的计划，之后付诸实施。市内的主要路线是在明治四十二年（1909年）开通的。有一天，因为店里的工作，我骑着自行车在大阪市内穿行时，在四桥附近第一次看到了电车。眺望着飞驰而去的电车，我被它深深吸引。自行车脚不踩踏不会动，而电车那么庞大的身躯，却由看不见的电力驱动奔跑，这真是了不起！骑车久了人会感到疲劳，而电车不论它怎么跑也不会觉得累。真是太方便了。电力真是伟大！

可以预计，今后电力将会运用到社会的各个方面，人们的生活也将会变得越来越方便。这真是太有意思了。与电有关的工作，今后一定会有大发展。如果可能的话，我自己也想从事这方面的工作。那将是多么有意思、多么有价值的工作啊。要做与电力有关的工作，我的这一愿望日益强烈。

问题是我现在在自行车车行的工作该怎么了断。一旦我要去从事与电力有关的工作，就不得不辞去现在的工作，二者不能同时兼顾。可是，我在现在的自行车车行学习、生活了六年，与大家寝食与共，朝夕相处，有一份难舍之情。为此我感到很苦恼、非常苦恼。

最终，我在心里做出决定。对不起，我要辞职去做与电气相关的工作。尽管决心已下，我却迟迟不能付诸行动。要辞职就必须向店掌柜当面申请，可我怎么也说不出口，真的难以启齿。

"明天一定要说出来"，可是一到了当天却总是找不到机会，也没有勇气去找掌柜说出来。就这样过了一天又一天。

这样一天天地拖下去也不好，我后来心生一计，给自己打了个"母病速归"的电报。掌柜看到后大吃一惊，很是担心，对我说："母亲生病，你是放心不下吧。这四五天来我看你心神不宁，如果你不想干了，那就跟我说。在这里做了六年学徒，你要走的话，我不会强留的。"可是，我最终还是没有把"辞职"这两个字说出口。

无论做出多么毅然决然的决断，如果只是心里的决断，那便不能算是真正的决断。该说的就说出来，该行动的就去付诸行动，这种决断才是真决断。从这个意义上来说，我内心的决定还不是真正的决断。

不过，虽然我没能对掌柜说出来，最终还是有了行动。我心里默念着"对不起"，带着一件换洗衣服走出了五代商会。同时，我将口中没能说来的歉意和辞职申请写在一封信里，寄给了掌柜。

就这样，我结束了令人留恋的学徒生活，不久就到大阪电灯公司就职，实现了从事电气相关工作的梦想。

适时适地收手——真空管的短期销售

人的欲望是无止境的。某项事业一旦赚钱，大家就会蜂拥而上，一段时间也许还可维持，但很快就会陷入过度竞争的困境，到头来谁也赚不到钱，甚至导致参与者破产倒闭，这类现象并不鲜见。不过，我认为只要有心，这种恶性循环还是可以避免的。

我自身就有过这样的经历。那是大正十四年（1925 年）发生的事。有一次我去松下电器东京代表处，看到那里摆放着真空管。这是我第一次看到真空管。当时真空管刚刚开始卖起来，主要用于收音机。代表处的负责人对我说："这个真空管在东京卖得不错，我们拿到大阪去卖怎么样？"

听了他的建议，我觉得值得一做，立即命令他与真空管的生产厂家交涉，取得在大阪的销售权。可是这家工厂规模小、资金不足，生产赶不上订单。于是，我们预付 1000 个真空管的定金，希望他们尽量多生产，让我们拿到大阪去卖。

回到大阪，我把销售真空管的事跟批发商一说，他们都很高兴。因为当时真空管还是稀罕物，市场紧缺，不愁销售。在这种背景下，仅仅五六个月的时间，松下电器就赚了一万多日元。这在当时可是一笔巨额资金。不过这个时候，生产真空管的厂家逐渐增多，产品也日益丰富，价格转入下降通道。

见此状况，我觉得需要慎重考虑了。松下电器的利润空间越来越小，尽管不是无钱可赚，但是已经大不如从前了。形势出现变化，我们也要相应地做出改变。也就是说，不要被现状一叶障目，而要未雨绸缪，做出预判。

有鉴于此，我觉得是该从真空管的销售业务中收手了。商品还能卖，此时收手确实有些可惜，能赚的钱不赚也确实遗憾。不过，我们不能忽视形势已经发生变化，必须采取新的应对之策，那就是收手。原本真空管的销售也是一时顺势而为的事，而且还赚到了一万多日元的利润，这已经足够了，不能贪得无厌。

因此，我做出决断，从真空管的销售中收手。我把这项决定通知了厂家和批发商。厂家听说我们把大阪的客户无偿转让给他，非常高兴，客户也没有意见。就这样，我们就从还能赚到利润的真空管销售中退了出来，并且退了个一干二净。

过了四五个月，收音机零配件的价格急转直下，迄今为止那些还有相当利润的工厂及商店顿时陷入困境，进退维谷。松下电器早一步退了出来，幸免于难。

这就是我当时经历的事。人们常说凡事要思进退、要讲究适度原则，通过这次经历我深有体会，这些箴言教训真是太宝贵了。

　　与此同时，我觉得过度竞争很不好。如果一味地只想着赚钱，那就会忘掉适时适度原则，陷入过度竞争之中，后果既不利己也不利人。欲望虽是人之常情，难以抑制，但是适时适度原则还是要时时铭记于心。

虚心承认错误——电热部共同经营的失败

人不是神仙，总会有犯错、失败的时候，这是难以避免的事。重要的是犯了错误、遭遇了失败之后如何面对。有的人犯了错误之后，要么死不承认，要么装作不知，要么置之不理，这都不是正确的态度。

在我看来，犯错难以避免，既然已经犯错，就要正确认识错误，反省错从何来，错在何处，然后有则改之无则加勉。当然，这并不容易做到，但是只要勉力而为，错误就不仅仅是一次错误，还是一个新的发展契机。

说到这里，我不禁想起自身的一次经历，那是昭和二年（1927 年）新设电热部的事情。前文已经说过，电热部推出过松下电器的第一个产品超级熨斗。这个产品质量优良，后来被评为日产优良品，而价格也比其他产品便宜，是很受欢迎的畅销产品。可是尽管有这么热销的产品，电热部的决算还是赤字，真是令人不可思议。

　　问题出在哪里呢？是计划与方针不得当吗？还是执行上出现了偏差？我从各个方面进行了检讨。结果发现问题出在经营上。

　　这是怎么回事呢？原来电热部从表面上看是我在经营，但由于这个部门还有我的朋友 T 先生的部分投资，因此电热部实际上是由工厂负责人中尾先生与 T 先生二人共同经营，而我自己对电热部则是抱着兴办副业的态度来管理的。

　　负责电热部经营的 T 先生原本是一家米店的老板，在电器经营方面是个门外汉。而且他还一边经营着电热部，一边兼顾着米店。可以说，我和 T 先生都没有全身心投入到电热部的经营中。这种半吊子的态度，招来经营上的失败。我深刻反省，认识到这是绝对不行的。

经营赤字的原因已经明了，是我的做法有误，错在我。要改善经营，就必须从我自身改起：首先停止与 T 先生的共同经营，其次竭尽全力投入到电热部的经营中去。这是必须尽快改善的两点。

可是，接下来的问题是如何说服 T 先生放弃共同经营。T 先生也付出了自己的努力，现在对他说"你别干了"，这不合人情，难以启齿。T 先生也会非常难堪。但是要改善经营，只有这一条路可走。

需要指出的是，电热部的经营不好，并不是因为 T 先生不好，这不是在追究 T 先生的责任，而是在追究我自己的责任。犯错的是我，我必须改正自己的错误。从前有一句话，叫"改错无忌惮"，一旦发现错误就要尽快纠错，这才是正确的经营方式。于是，我打定主意，向 T 先生坦诚地谈了我的想法。

"这事是我错了。让你这个外行勉为其难负责经营，是我对电热部的重视不够。我的这种经营态度是经营失败的原因。本来，新成立电热部，我应该竭尽全力投入到它的经营中去，我没有做到，这是我的错。今后，我将全身心地投入到电热部的经营中，你还是专心经营你的米店吧，怎么样？"

听了我这一席话，T 先生表示不愿离开松下电器，我就劝他正式加入松下电器。后来，经过深思熟虑，T 先生作为一名店员加入松下电器。我则专心投入电热部的经营。此后，除了电熨斗之外，电热部陆续开发生产了电暖器、电暖桌等，逐步走上发展的正轨。

有错必纠，知错必改。知易行难，这也是人之常情，但是要成为一名优秀的经营者就必须虚心承认错误，并及时改正自己的错误。

必要的东西按照价值收购——关于收购某工厂的决断

在商品交易中，多数情况下买方相比于卖方处于优势地位，偶尔也会有卖方强势的时候，但总体来说还是买方强势的时候多。对买方来说，价钱越便宜越好，如果卖方露出了自己的软肋，买方一般会抓住软肋猛攻，以求得更加有利的价格。这或许是商业买卖的常规，但这是不是一个经营者该有的姿态，我对此另有看法。

在很久以前，我有过这样一段经历。前面说过，松下电器生产灯座，但是不能生产灯座的材料——电木。所以，我一直想要办一家生产电木的工厂。

就在这时，一家生产电木的名叫 H 电器的工厂经营破产，他们找到松下电器，询问我们是否有意收购。这真是正中下怀，求之不得。我们立即做出回应，决定收购这家工厂。由此开始进入具体的谈判阶段，接下来的问题就是以什么样的价格收购。

对方是个经营不善、濒临倒闭的工厂，处于弱势。因此收购价格应该能够压到最低，而且时间拖得越久，他们的处境越艰难，我们就能以更低的价格拿下这家工厂。这是在收购时惯常的做法。因此，在这桩收购案中，松下电器如果以极低的价格成交，对方和社会各界都会视作理所当然。

可是，我做出的决断是"不可低价收购"。这在当时看来颇不寻常，但我还是做出了这样的决定，发出了这样的指示。

为什么我会这样做呢？我们迫切希望有一个电木工厂。如果不能收购 H 工厂的话，松下电器就只能自己研究开发电木，投入大量的资金。然而幸运的是，H工厂自己央求我们收购，松下电器因由此节省了大量的人力、时间和金钱。可以说H工厂正是松下电器迫切需要的、有价值的工厂。因此，认同对方的价值，按照对方的价值来收购，这才是正确的收购方式。也就是说，不能人为压低价格，必要的东西要按照它的价值来买。

一般而言，一家濒临倒闭的工厂，人们会尽量压低价格去收购。但是我却与此相反，决定按照其价值收购。这种决断对于一名经营者来说，我觉得是非常重要的。

换句话来说，这就是和谐共赢的办事方法。在采购方面，我也是这样做的。比如在采购合作工厂的产品时，我一定会确认对方是否有合理的利润，只有在确保对方能取得合理利润的前提下，我才会采购对方的产品。如果对方勉为其难，那就反复磋商，共同研究，直到对方取得合理的利润。

以客户为优先——制造零故障的收音机

人们常常囿于自身的立场而忽略对方的处境，这是人之常情，无可厚非。不过，人一旦只顾自己罔顾他人，结局大抵不佳，不是好事多磨就是自吞苦果。因此从这个角度来看，在思考自己利益的同时兼顾对方的立场，这是非常重要的。这个道理浅显易懂，但实则知易行难。

松下电器开始销售收音机，那还是昭和五年（1930 年）的事。当时收音机刚刚开始普及，普遍的缺点就是故障频发。我自己用的收音机也经常发生故障，听不到声音，为此频生怨气。就在这种背景下，一些代理店希望松下电器能生产优质的收音机。

我也觉得生产故障少、品质高的收音机是来自消费者的普遍诉求，松下电器责无旁贷。但是松下电器迄今为止既没有生产过收音机，也没有这方面的专业知识和技术，因此只能委托外部厂家生产。经过多方调查，我们发现厂家 K 不错，就与他们接洽并收购了过来。于是，K 工厂开始生产收音机，然后交由松下电器负责销售。

产品生产出来之后，销售也随之展开，但是结果非常惨淡。收音机故障不断，退货堆积如山。那些一开始兴高采烈的代理商对此怨气冲天。我原本对 K 的产品是深信不疑的，面对这种惨状，惊愕之余也深感沮丧。

但是，沮丧于事无补。我立刻开始调查故障的状况与原因。结果发现，那些所谓的故障其实都是一些小瑕疵，比如螺钉没有拧紧或者真空管松弛了，等等。

那为什么会被当作故障品退货呢？原因是当时松

下电器的销售网络中，几乎无人掌握有关收音机的专业知识或技术。也就是说，以前 K 的产品是通过以销售收音机为主业的电器商店销售给顾客，那些电器商店会检查每一台产品，修理调试后才卖给顾客。而松下电器的销售网络过去主要是以销售电气工程为主的，店内掌握收音机专业知识的人才特别少，不可能对每一台收音机都进行检查和调试，这些电器店在开箱后只要发现收音机没有声音，就当作故障品退货了。这样下去的话，松下的销售网络是不可能继续销售 K 工厂的收音机的。

接下来该怎么办呢？我陷入了沉思。如果松下的销售网络不能用，那就将 K 的产品重新放到原来的销售网络去销售，这将大大减少故障率与退货率。这个办法也并无不可。但是，这样做的话，就辜负了松下代理店的期望，而且我自己希望生产销售故障少、品质高的收音机的梦想也因此而化作泡影。所以，我是真不希望把 K 工厂的产品重新推回原来的销售渠道。

怎么办呢？办法只有一个，那就是必须生产出在松下销售网络中也能卖出去的新产品。这个新产品必须是顾客可以放心使用、店方无需修理调试的、品质稳定可靠的收音机。换句话说，改良出来的新产品无需店方掌握专业知识来适应它，反而让产品适应店方的需求，不用调试就可以交到顾客的手中。这才是以客户为优先、尊重客户利益的行为方式。

经过这番深思熟虑，我决定朝着生产零故障收音机的方向迈进，希望 K 工厂开发出这样的新产品。但是 K 工厂表示无能为力，结果 K 工厂从松下电器分离出去，走上了另外一条道路。

这时，松下电器可谓手捧着一颗烫手山芋。K 工厂离去后，松下内部有关收音机的专业知识和技术重归于零。但是事已至此，我们不可能放弃。我下定决心，自主开发新型收音机，并指示研发部立即着手。

接到我的指示，研发部的同仁们大吃一惊。这也不难理解，因为他们既没有技术，又缺乏经验。研发部的负责人中尾先生对我说："这真是赶鸭子上架。我们可能要花上很长的时间。"

的确，我也觉得勉为其难。但是，开弓没有回头箭，既然已经开售收音机，如果不能尽快推出新产品，那松下就无颜再见渠道商了。而且，收音机的生产体系已经建立起来，也不能让其空转。现在只能抛开畏难情绪，迎难而上。我对中尾先生说道：

情况紧迫，一刻也不能耽搁。我希望你们尽快完成研发。的确，松下电器是没有生产收音机的技术，但是街上的那些业余爱好者都能组装出收音机，我们研究部设施齐全，应该比他们做得更好。你们尽快干起来吧。

只要横下一条心，一定要尽快做出来，那么智慧就会应运而生。关键在于你们有没有这个信心。我是坚信你们一定能开发出一款优秀的产品来的。

中尾先生沉思良久，然后对我说道："那我们就做做看吧。"随后就全身心投入到收音机的研发中去了。经过研发部没日没夜的艰苦努力，我们终于在三个月后开发出了接近理想状态的收音机。恰好当时NHK（日本广播协会）正在募集收音机的最佳方案，我们就试着应征，竟然获得了一等奖。中尾先生和我对此都深感意外，惊喜万分。

回想事情的经过，我深深感到，但凡做事，先不要考虑事情的难度，秉持"只要去做就一定能做好"的信念，事情就能做成。松下电器由此成功开发出故障少、品质优、深得用户喜爱的收音机，松下收音机的名声逐渐响彻全日本。

找到人生的使命——第一届创业纪念仪式

一个人如果庸碌度日，就会觉得了无生趣，也感受不到生存的意义。但是如果他知道自己的所作所为只是奔向某个目的的一个过程，时刻能意识到自己的任务或使命，他就会感受到生存的意义，每一天也会因此而充实起来。

那么，我们该怎样找到人生的目的或使命呢？在这日复一日的平平常常的生活中，我们的确很难遇到一件事能激发你感叹："啊！这就是我人生的目的，这就是我的使命。"可以说，找出自己一生的使命极为困难，却至为关键。

就我而言，昭和七年（1932 年），我找到了自己的使命。这个使命就是我作为松下电器经营者的使命、一个生产者的使命。这个使命是我发自内心感受到的。

事情的契机是公司某个客户的丈夫向我推荐他的

宗教信仰。他非常热心，带我去他们举办宗教活动的庙宇，参观了各种各样的宗教活动。宏大的庙宇鳞次栉比，不沾一丝尘埃。信众无不肃穆虔诚，由于他们的热心奉献，这里的设施不断扩建，甚至还建有气派的学校和图书馆。更令人惊讶的是，这里还有好几家材料加工工厂，专门生产修建庙宇用的建筑材料。

工厂里的气氛与普通的街道工厂迥然不同，许多匠人工作起来一丝不苟，令人肃然起敬。目睹他们忙碌、认真的身影，我深受感动。在回家的电车上，我一直都在思考，我们产业界不时会遭遇不景气，有的公司会一蹶不振，甚至关门倒闭，可是与之相比，宗教却一直保持繁荣。为什么会出现这种差异呢？

宗教能为信众提供安身立命的智慧。而我们产业人虽然不能给人提供精神的喜悦，但是可以提供生活中不可或缺的物资。因此，可以说产业与宗教形式不同，尊贵无异。

宗教一直繁荣，产业界却有盛衰周期，这是为什么呢？也许有人会说，宗教的信念是拯救众生，产业却是只为赚钱，这是二者最大的区别。

但在我看来，我们生产产品绝非为了自己，而是为了满足人们对物资的需求，是有益于社会的。因此，我们从事生产也是在履行一种崇高的使命。如果我们承担着这一使命，那么在工作中就要殚精竭虑，不遗余力。由此我意识到自己肩负的使命，深感激动与喜悦，决心为了履行使命坚强地活下去。

松下电器的使命就是为人们生产和提供丰富的物资，不断改善人们的生活品质，并在将来建设一个物资丰盈、富裕美好的社会。物资丰盈，价格自然会降下来，贫困也会消失，社会上不再有穷人。贫苦贫苦，贫去则苦除。因此，物资的生产对于人们精神上的安身立命也是大有帮助的。

就这样，我找到了自己作为一个生产者的使命，也找到了松下电器的使命。我们不是单纯的生产者，为了履行这一崇高的使命，我们必须竭尽全力推进生产。想到这里，我感到神清气爽，豁然开朗，油然而生大干一场的决心。

我认为，我应该把自己的感悟告诉松下电器的全体员工，以期同心协力，共同去实现使命。于是，在昭和七年（1932年）五月五日，我召集全体员工，宣布了松下电器的使命。松下电器自此迈出了履行自己使命的第一步。后来，我们就把这一天当作第一届创业纪念日，以后每年这一天我们都会举办隆重的创业纪念仪式。

在发布松下电器的使命时，我自己也非常感动，说起来滔滔不绝，而员工们也都听得会心入神。我的讲话一结束，大家便争先恐后地登上讲坛，发表自己的感想。每个人都讲得激情洋溢，规定的发言时间根本不起作用。就这样，松下电器找到了自己的使命，发展得更加稳健了。

放权与信任——事业部体制的采用

听从上司的指示，拨一下动一下，不用动脑，这样的工作似乎很轻松，但是正因为不动脑子，工作反而变得枯燥无味。一个人还是得在工作中运用自己的智慧，付出自己的努力，才能从工作中发现乐趣，感受到工作的价值。

从这个意义上来说，作为一个管理者要善于"放权"，要将工作大胆地托付给部下们。一旦获得托付，受托人就会充分发挥自己的智慧，打起十二分精神，全心全意地投入到工作中去。这当然也会带来令人欣喜的成果。

松下电器实行事业部体制是在昭和八年（1933年）五月。所谓事业部体制，换句话说就是托付制——将工作全权委托给部门去做。昭和七年，松下电器举办了第一届创业纪念仪式，发布了公司的使命，全公司的各项事业都实现了突飞猛进的发展。可是，随着事业的扩大，等待我去处理的问题也越积越多。产品的种类增多，销售与策划工作也日益复杂，再加上新工厂和营业所的建设事务庞杂，以松下电器当时的管理体制而言，我已是越来越难以统筹管理了。

当然，那时的松下电器规模还很小，作为所主（当时松下电器全称为松下电器制作所，我被称为"所主"），我还是能够全面管理起来的。即使不实行事业部体制，各个部门也能各担其责，把工作做好。

部长有部长的权限和责任，他们一般也都是会按照自己的想法去开展工作。只是随着事业的扩大，新工作、新问题层出不穷，他们有时想要听听我的想法，让我拿主意。不巧的是，我经常病休，很难及时给出意见。这样一来，工作效率降低，进展很不顺利。这样下去可不行！

如果我的身体很快就能恢复过来，那这个问题不复存在。但身体的恢复非一朝一夕之功，不是想好就能好起来的。既然这样，还不如放权，建立事业部制。

事业部制下，各个部门像一个企业一样独立运转，以前的部长，现在成了事业部长，由于整个事业部全部委托给了他，他必须成为这个事业部的经营者。也就是说，他要对事业部承担起全部的责任。比如，以前销售部只管销售，但是现在成为事业部以后，从策划到生产、销售、回款，事业部长都要管起来。每个事业部实际上就是一个独立经营体。

基于这种想法，松下电器于昭和八年（1933 年）五月实施事业部体制，成立了三个事业部：收音机部门为第一事业部，电灯、干电池部门为第二事业部，配线器具、合成树脂、电热器部门则合并为第三事业部。

事业部体制运行以后，效果非常好。各个事业部的管理者们受到托付，得到信任，工作的激情更高了。这种焕发出来的工作激情，将员工们拧成一股绳，同心协力，各部门都呈现出一派欣欣向荣的新气象。

无比幼稚的决断——木造船与飞机

遇到他人的请托，我们总会感到难以拒绝。即便明知请托的内容非己所能，但是碍于情面，怎么也说不出那个"不"字来。这个时候，我们该怎么办呢？坦白说，这真是个难题。

前文中我已经提到，在第二次世界大战期间，松下电器曾接到军部的要求，制造过木船和飞机。这可以说是典型的难以拒绝、推辞不掉的案例。松下电器原本是家用电器的专业厂家，战争开始后，根据军队的要求开始生产螺旋桨等军需品。

对螺旋桨的生产，松下电器毫无经验，进展得非常困难。后来军部又提出要求，要我们制造木船。我深感惊讶，便以做不出来为由加以拒绝，但是军方一再要求，后来我不得不应承下来。

松下电器自然毫无造船的技术与经验，但是经过反复设计实验，决定采用流水作业的方式开始制造木船。我们将整个工程分为八个阶段，铺设一条通往大海的轨道，将船台置于轨道之上，逐次开展各项工程，最后一道工程完工之后，木船顺利下海。这种作业方式在当时可谓是划时代的创举。在日夜不断施工的情况下，终于可以实现每六日造一只船的进度。

这时，一个名叫大西中将的海军航空本部长点名要见我，并当面向我提出了制造木制飞机的要求。

我真是惊呆了。连忙拒绝："造木船我们这才刚刚理清头绪，造飞机我们更是做梦也不敢想的事。我们没有制造飞机的技术，实在不能接受您的要求。"

大西中将对我的拒绝毫不在意，命令道："接到制造飞机命令的只有你们公司。这是我们再三调查之后的决定。既然已经决定，你不干也得干。技术方面海军会教给你，你们只要做好生产运营。"

从我而言，我觉得我们是不可能造出飞机的。制造木船就已经费了九牛二虎之力，更遑论造飞机了。可是当时军方势力强大，而且军方高官当面相托，我已无力回绝了。

既已做出决断，我就立刻设立了制造飞机的公司，向银行借了三千万日元用作资本金。工厂用地是海军从地主那里征集来的。于是，我们开始昼夜不停地建造厂房，由于物资匮乏，建造厂房的钢梁铁骨都没有，全是木结构的厂房。飞机也是全木结构。厂房里没有一台高级设备，只有一些古旧的车床，这还是从街道工厂收购而来的。

飞机的引擎是从外部引进，其余的全由松下制造。昭和二十年（1945 年）一月，第一代样机终于试制成功，飞行时速达到 350 公里。军方表示："不错，就按照这个做吧。"当我们开始投入生产时，战争结束了。

在战前，我的个人资产是 2000 万日元左右。当时一碗乌冬面只值 2、3 钱，我的 2000 万日元是一笔天文数字。战争结束后，政府要征收财产税，对我的资产做了个调查，结果发现我的资产是 -700 万日元。征税无从谈起。

为什么会这样呢？原因在于注入到飞机公司的资金全部是我个人从银行借来的。战争结束后，飞机公司宣布关闭，股票变成废纸，但是银行的借款还有效，我还得还。

8 月 15 日以前交货的产品，政府全部停止付款。包括此前交货的三架样机，我没有从政府那里拿到一分钱。就这样，我个人的 2000 万日元资产因为银行借贷而灰飞烟灭，还背上了 700 万日元的负债。

不仅如此，由于参与建造了船舶和飞机，战后我被指定为财阀，其后的五年之内难有作为。

这真可谓是大失败。为什么会有这样的失败，也许大家会有不同的看法，但对我而言，我觉得还是由于自己年轻幼稚。接到军方的要求，不能理性地辨别，终而招致失败。

这种幼稚、冲动、自负，也许每个人或多或少都会有一些，大抵失败都源自它们。因此我们必须时时提醒自己，勤思多想，戒骄戒躁。

5

活用人才

用人的哲学——员工中有人从事不当交易怎么办

如果人人遵规守德，不做坏事，那么社会和谐安定，善莫大焉，但实际上这种情况是不可能实现的。任何地方、任何行业，总会有干坏事的人，这种人从未绝迹。因此，问题不是如何让这些干坏事的人销声匿迹，而是当这些干坏事的人出现时，我们该怎么面对？

　　我自己曾为此大伤脑筋。那时，松下电器只是一家拥有五十余名员工的街道工厂，有个员工做了不当交易。这个问题是我创业以来首次遇到的，因此颇为踌躇。

　　从事不当交易，这的确令人遗憾。但既然出现了这个问题，作为工厂主和经营者，我对当事人就必须做出严肃的处置。这种处置，首先可以考虑辞退，或者即便不辞退，也要给予某种惩罚。那么究竟哪种处置方法更好呢？我左思右想，夜不能寐。

　　那时，辞退一名工厂员工是比较简单的事，只要员工犯了错，就可以对他说"明天你不用来了"。这种单方面宣布解除劳动关系的做法，在今天看来有点简单粗暴，但在当时却是通行的做法，人们习以为常。

所以，对于这名犯错误的员工，只要我愿意，随时可以辞退他。尽管如此，就此辞退一名曾经共同工作的员工，我还是有些于心不忍。

如果不辞退，让他留下来与我们继续共事，又该如何惩罚他？这些问题困扰着我，始终找不到答案。

最终，我做出决定，不将当事人辞退，允许他继续留在工厂工作，只处以必要的惩罚。决心既定，我的心情顿时轻松了许多。

由此我又想到了将来。假定每 500 人中有 10 个坏人、每 5000 人中有 100 个坏人，那么随着公司发展壮大，公司内部的蠹虫也会不断出现。但是我将不再为此烦恼，我认识到带着他们往前走并非绝路，或者说这原本就是世间常态。

有了这种认识，我在用人上逐渐形成了自己的哲学。在此之前，如何用人，对我来说是件很劳神的事，员工听不听话，会不会犯错，令我颇费思量。但是从这件事之后，我发现自己不再为此费心劳神了。100 人中出 1 个坏人、200 人中出 1 个坏人，这种概率是幸运之神的眷顾，值得庆幸。由此，我开始信赖自己的员工。即便公司内出一两个蠹虫，也没必要对员工们抱持戒备之心。我告诉自己，这是世间常态，员工们是值得信赖的。同时我也认为，能够这样去信赖员工，作为经营者实在是一件幸福的事。

人才的培育与决断——自己扫厕所

人总有不说不知、不教不明的事。一个普通人，未知的东西总比已知的多。因此，以他人为鉴，看到自己的不足或不对之处，虚心学习，互相帮助，如此一来我们的社会以及我们共同的生活就可一步步向上发展。

以前发生过这样一件事。那是大正十二年（1923年）、关东大地震那年的年底，松下工厂开展大扫除。中午我去检查，发现工厂收拾得井井有条，打扫得干干净净。我想这下可以以洁净的面貌迎新年了。

可是，我往厕所一看，发现情形有点不同，再仔细一看，发现不知为何这里根本就没有被清扫过。我深感奇怪，盯着大家，可是他们全都一副事不关己的样子，谁也不站出来打扫，管理者也不发出指示。

这种场面实在有些怪异。当时，日本的工会运动刚刚抬头，也许是受此影响所致吧。但不管原因如何，清扫厕所是必须的，否则没法迎接新年。

好吧，你们不干，那我来干！我用水桶打来水，手持扫帚就干了起来。冲水、擦地，一丝不苟。这时，一名员工走了过来："我来干吧。"说着提着水桶去打水。可是其他员工还是袖手旁观，似乎不知道该不该帮忙。这究竟是怎么回事呢？

我意识到这种现象是不能允许的，以这种精神状态是不可能干好工作的。即便这事其实与工作没有直接关系，但如果员工不知道作为一个人的基本礼仪和规范，那在松下工厂工作的意义就荡然无存。

员工们这样做，是因为他们还不知道作为一个人应该有的行为规范，而我作为一个工厂主，也没有把这种行为规范教给他们。因此在批评员工之前，首先要责备自己。在公司的日常活动中，没有把一个员工该有的精神面貌、礼仪常识教给员工，我自己负有更大的责任。

在意识到这一点后，我做出了一个决定。那就是今后要与员工们一起，共同思考该怎样做人，并且我还要把我的感悟说给大家听。即便遇到反对，即便是逆耳之言，该说的也要说，该教的也要教。要提高全体员工的精神面貌，首先必须确立指导精神。不管大家喜不喜欢，对此我必须全力以赴。

从此以后，我对指导部下、培养人才更加用心了。我觉得，处在指导立场的人，该说的就说，该教的就教；否则，以一种旁观者的姿态从事经营，那么他带领的这个团队、商店或公司是不幸的。

公司总经理要承担起责任，不断对员工们发出号召："我们这么干吧！""我们这样做吧！""这样做效果会更好！"管理者不经常发出这样的号召，公司、商店和团队是做不起来的。扫厕所这件事让我认识到了这一点，真可谓获益匪浅。

信赏必罚的实施——退赔工资的故事

我认为，我们每个人身处不同的立场，肩负着不同的责任。正是由于人们正确履行自己的责任，事物才能顺利发展，收获才能如期而至。如果大家都无视自己的责任，则事事不顺，公司也难以发展起来。不过令人遗憾的是，人们动辄视责任为无物。

昭和二十一年（1946年）一月，第二次世界大战结束后四个月，日本的产业遭受战败的打击，奄奄一息，看不到复兴的影子。但是松下电器在战后的混乱中崛起，在产业复兴之路上高歌猛进。可以说，我们是怀着"日本产业的复兴就从松下电器开始"的信念投入到复兴事业中去的。

就在这样的背景下，我们迎来了昭和二十一年（1946年）的新春。当时我觉得，战后这种混乱状态不可能持久，今年就将打开产业重建的大门。作为产业人，我们必须振作精神，奋发努力。而整个日本产业界要走向复兴之路，当务之急是提高产业人的勤劳意愿，重新唤起日本人与生俱来的勤奋苦干精神。不能因为输掉战争、身陷困境而失去干劲，沮丧懈怠，那样的话国家复兴无从谈起。

在松下电器，干部要率先垂范，以模范性的劳动带动员工。而要达此目的，首先要从我做起。此前，因为身体原因，我缺勤或迟到的次数较多，但从今年开始我决心改变这种状况，做到全年不迟到、不缺勤。

于是，1月4日新年第一天上班，我早早地乘坐阪急电车来到梅田车站，站在车站出口等公司的汽车，事先我已约好公司的车来这里接我。可是左等右等，汽车就是不来。没有办法，我只好改乘公交，可是我刚坐上公交车，就看到接我的车驶过来了。

我急忙从公交车上跳下来，坐上车向公司急驰而去，结果还是迟到了十分钟左右。

在我下定决心做到全年不迟到、不缺勤的当口，我本应率先垂范，却在新年的第一天就迟到了，这真是遗憾之至。

为什么来接我的车迟到了呢？原因非常简单，并不是不可抗力，而是缘于疏忽。这真是对不住等待我的公司员工，也对不住公司。这个责任必须有人承担起来。

那么这个责任由谁来负、该怎么负呢？在这次接车迟到的事件当中，我数了数，直接责任人、间接责任人总共有八个。于是，我指示对这八人罚薪一个月。同时，我这个社长监督不力，也将当月的工资全额退回公司。在当天的晨会上，我发表了上述决定，并向大家致歉。

　　当时，我想到的是，如果我们每个员工都不能认真思考自己的责任，那么工作就无法开展。只有每个人都充分认识到自己的责任，正确地履行了自己的责任，工作意愿才会提升，才能有助于日本产业的复兴。

　　要让大家正确履行责任，首要原则就是信赏必罚。奖励那些认真履行职责的人，惩罚那些渎职卸责者。我对接车迟到这一事件负有直接、间接责任的八人，加上我本人都做了严肃的处罚，就是想借此提升员工的责任感，同时也是贯彻信赏必罚的原则。

得到许可后发表的贺辞——参加松下工会的成立大会

一般而言，工会与经营者是一对利益相反、相互对立的冤家。不过，从我自身而言，我一直认为工会组织的健全发展对社会有益，是件好事。

回顾松下电器的发展历程，昭和二十一年（1946年）一月，松下电器首次成立工会时，我还作为社长发表了贺辞。

当时企业的经营者一般都不喜欢工会，尤其是在第二次世界大战后民主化的浪潮下，日本的工会组织遍地开花，有的还开展了相当过激的运动。工会组织一旦成立，就会提出这样那样的要求，公司的工作开展起来会有各种顾虑，经营者也不能为所欲为了。基于这些原因，经营者不喜欢、不愿意看到工会组织的成立与发展，更不用说还去成立大会发表贺辞了。

由此可见，昭和二十一年（1946年）一月，我以松下电器社长的身份去参加工会成立大会，的确非同寻常。一直以来，我对员工怀着兄弟一般的情感，我感到员工们也是那样对待我的。因此员工们亲手组织成立工会，我认为是值得欢迎的。1月30日，当我听说成立大会将在大阪中之岛的中央公会堂举行时，就想到我应当去参加会议，并作为社长发表贺辞。于是，成立大会的当天，我来到会场。会场里员工们济济一堂，盛况空前。

可是，当大会进入发布贺辞的议程，我也准备提出致辞时，却得到这样的答复："请稍等，我们商量一下。"

于是大会的主持人向大家征询意见，说道："松下幸之助先生到达会场，希望发表贺辞，大家同意吗？"我深感惊讶，觉得今非昔比，他们与昨天完全变了个样。

幸运的是，大多数工会会员以鼓掌表示赞成，欢迎我发表贺辞。经历了这个征求意见的过程之后，我登上讲台，发表了以下贺辞：

"今后将是日本从战后的废墟走向复兴的关键时期。工会组织的诞生，对基于真正的民主主义重建的新日本，是非常可喜可贺的，我致以衷心的祝贺。我是基本上赞成工会运动的。工会将可能做出各种决议，对公司提出各种提案或要求，只要这些决议、提案、要求于国于民有益，于公司的各位员工有益，我会高兴地接受。但是，不能接受的我也绝不会委曲求全。我希望大家同心合力，为了日本的重建共同奋斗吧。"

当我走下讲台时，会场里响起雷鸣般的掌声，工会会员们为我鼓掌喝彩。我说了今后会接受他们的建议，鼓掌自是必然。语言有灵，你是发自真心还是虚情假意，大家一听就明白。也许是会员们感受到了我的真心实意，他们便用热烈的掌声作为回馈给了我。

当晚，当我见到出席工会成立大会的社会党的加藤勘十时，他对我说道："在国内我转了不少公司，参加他们的工会成立大会。几千人规模的大公司工会成立大会，没有一个经营者参加。可是在松下电器，你这个社长不光参加了大会，还发表了贺辞，赞成工会成立，真是出乎意料啊。"

从那时起，我对工会一直采取一贯不变的态度。工会是松下电器的一份力量，公司建设也需与这种力量相匹配。也就是说，经营者与工会就如公司运营的两个车轮，车轮一边大一边小，则公司不可能顺利前行，只有两者均衡，才能飞速运行起来。这就是我对工会组织的看法。

为了跟国际接轨—— 一周五日工作制的采用

我们在开展一项事业的时候，有个问题从不会缺席，那就是人的问题。所谓人的问题，其核心内容各不相同，但归根结底，人的问题不解决，事业就无从谈起。只有将人的问题考虑得细致周全，事业才会有所进展，成果也才可期待。

松下电器每周工作五日的决定，就是在对人的问题深思熟虑后做出的。昭和三十五年（1960年）一月，我发布了一个决定，松下电器将在五年后实行每周五日工作制，并且员工工资不会因此而减少。五日工作制当时已在美国实施，但在日本国内尚没有任何企业采用过。

为什么松下电器要宣布实施五日工作制呢？我当时想的是，今后国与国之间的竞争将日趋激烈，自由贸易制度两三年后即将实施，日本将不得不置身于世界产业竞争的大舞台。如果日本没有比拼的实力，那将陷入艰难的窘境。

　　就拿电器产品来说，如果欧美的产品优于日本，那么消费者就可以自由地购买。因此日本的企业必须要赢得国际竞争，否则就会衰亡。从前所谓的竞争，不过是国内同业之间的竞争，而一旦实现贸易自由化，这个竞争就变成与世界同业之间的竞争，赢不了这场竞争则后果不堪设想。

　　对松下电器来说，首先要让产品大举输出海外，要能有与海外厂家展开竞争的实力。为此，要改善工厂的设备，能自动化的就自动化，借此大幅提高生产效率。这就是我当时的想法。

　　那么在参与国际竞争时，什么因素最关键呢？答案是人的效率。到那时，员工每天将会变得非常忙碌。现在员工们还能从容地打个电话，到那时就不可能了，原来需要三分钟说明白的事，今后必须学会用一分钟就要说明白。

这样的话，经过八个小时的高强度劳动，员工们会相当疲劳。一旦疲劳，体质就会变差，工作也就难以做好。因此，为了让员工们精神饱满地开展工作，就必须做出改革，将原来的每周休一日增加为每周休二日，工作五天休息两天。这样既能恢复工作后的疲劳，又能增加享受人生的时间，何乐而不为呢？

当时美国人均产值是日本的好几倍，整个国家的经济活动也生机蓬勃，快速发展。他们就是每周休息两天，用来享受生活的乐趣。

我认为，松下电器只有做到了这一步，才能真正地与海外厂家开展竞争。因此我提出一项计划，在五年后彻底实施每周五日工作制，同时员工薪资不得低于同业厂家。

每周五日工作制的决定发布后，社会各界反响强烈，有赞有弹。最初，工会提出反对。这项制度原本是对工人们有益的，工会竟然提出了反对，看来他们并没有正确理解这项制度的本意。

但是我坚信每周五日工作制对员工们是有利的，并向他们做了耐心细致的解释。其结果，在我设定的五年预备期中，直至第四年工会才理解了我的本意，转变了态度。我们实际只有一年的准备期，各项准备工作未必十分周全，因而对于结果会怎样，我还是心有忐忑。最终，昭和四十年（1965 年）四月，松下电器开始实施每周五日工作制。结果虽然未臻理想，但还是令人满意的。

此正当时——辞去社长，就任会长

一个人要对自己的出入进退做出决定，实在是一件很困难的事。有时受形势所迫，你被动做出抉择；有时却是因时顺势，主动做出决断。

昭和三十六年（1961 年）一月，我决定辞去社长，就任会长，就是因时顺势做出的决断。为什么我会觉得辞职是正当其时呢？原因在于很久以来，我就在考虑选个适当的时机辞去社长一职。如果我没有这个想法，即便时机成熟，我也不会意识到该功成身退，自然也就不会做出这样的决断。正是因为长期以来有了这个想法，我才会意识到辞职时机成熟。

那么我是从什么时候开始考虑辞去社长职位的呢？最早还是在第二次世界大战期间，那时我正好五十岁，还给自己取了个名号叫"阳洲"。可是，当时尽管我有心辞职，但形势不允许。

前文我已经讲到，战争期间松下电器承接了一些

来自军方的任务。出于对这些任务的责任，我作为最
高负责人，不可能挂冠而去。那么战争结束以后是不
是就可以了呢？实际上也不行。当时的形势不允许我
和松下电器考虑这件事。战后五年，我个人被禁止从
事经济性活动，公司也受到各种限制，陷入困境。在
这种状况下，我必须全心全意地投入到公司的重建
中，哪还有心思考虑自己的进退。

不过，其后十年，承蒙客户的支持，加上全体员
工的努力，公司蓬勃发展，到昭和三十六年（1961
年）公司经营业绩可谓盛况空前。在这个时候，我觉
得是该急流勇退了。

从我自身而言，我已年满66岁。回顾这半生，
我九岁时开始当学徒，后来一直加入大阪电灯公司，

随后创办松下电器，这三个阶段加起来共有 57 年，我都在从事实业。如果换作今天的某个大学毕业生来做这些事的话，干完这些，他该是 80 岁高龄了。因此，从年龄看，也是我该隐退的时候了。

就在前一年的昭和三十五年（1960 年），松下电器完成了第一个五年计划。前面我也讲过，我在昭和三十一年（1956 年）发布了第一个五年计划，今后五年间松下电器的年销售额要达到 800 亿日元。五年之后，现在年销售额实现 1050 亿日元。我自己是很想在满 65 岁的时候功成身退，但那时五年计划还剩一年，于是我将时间又推迟了一年。

因此，从各个方面来看，现在正当其时，是我辞去社长职务的最佳时机。尽管如此，由于我长期以来一直担任社长一职，一旦辞去，必然会在公司内外引发巨大的反响。

也许有人会担心，我作为创业者一直站在经营的第一线，一旦退职，松下电器的经营是否会由强转弱，走下坡路？我不这么看。从外界来看，松下电器能发展到今天，也许都是我这个社长辛勤努力的结果。但是如果从更高的角度来看，我也许会成为松下电器发展的障碍呢，因为随着年事渐高，我心有余而力不足。

随着我的功成身退，松下电器也许会迎来跃进的一大转机。我辞职后，员工们会有一种危机感，觉得更要加倍努力去干才行。这种斗志往往会产生令人预想不到的成果。因此我辞去社长职务，必会产生良好的结果，公司发展的步子会迈得更快。

当然，还有一种相反的意见。也就是说，社长辞职是因为松下电器基础牢固，经营成熟稳定，可以放心松一口气了。我认为这种想法也是不可取的。从许许多多的历史事实来看，一个国家无论其政治多么优秀，都可能会毁于一旦。而在企业经营上，如果以为可以躺在既有的成就上松一口气，那就大错特错了。

关于这一点，后来的继任者们需要时刻铭记在心，以一种如履薄冰的心态去面对可能发生的任何事情。即便当下是个完成的作品，但如果后来者犯错，这个完成的作品仍会毁于一旦。因时因地，顺势而为，这才称得上是经营。

综上所述，我辞去社长一职，并不是松下电器今后可以放心松一口气了，也不会因此由强转弱，走下坡路，我相信它会走上一条更加光明的康庄大道。接下来就是辞职的时机问题了，而时机就如前文所说，此正当其时也。

于是，昭和三十六年（1961年）一月，我发布决定，辞去社长职务，转任松下电器会长。

面向 21 世纪的布局——山下新社长的选任

人们往往只顾眼前，忽略社会的变化与时势的变迁，导致陷入预想不到的困境。我们在关注现在的同时，还要时刻留心，着眼于明天与未来。

昭和五十二年（1977 年）一月，山下俊彦就任新社长，这可以说是松下电器着眼未来的一个举措。换句话说，这是松下电器面向 21 世纪的一个重要布局。

今后的日本将朝何处去？未来的世界又将如何变化？这些问题长期以来一直萦绕我心，挥之不去。我的思考和结论，并没有什么高明的理论做支撑，我只是依靠直觉对世事动态、社会变化做出预判。

根据我的观察，作为历史的潮流，世界的繁荣浪潮是从一个地区向另一个地区流动的。最早的繁荣浪潮出现在埃及、希腊；接下来是以罗马为中心的欧洲诸国开始繁荣兴盛；之后，繁荣浪潮来到了美国。可是在 20 世纪末的今天，美国已经出现部分没落的迹象。

那么，下一个繁荣浪潮将出现在哪里呢？它不会回流到欧洲或中东，而会向亚洲转移。中国和日本都是亚洲地区的重要国家，因此，是不是可以说，在即将到来的 21 世纪，以中国和日本为首的亚洲地区将是新的繁荣地区呢？

如果果真如此，那么日本就要未雨绸缪，做好迎接繁荣的准备。全体国民要有这种自觉意识，而松下电器更应站在时代的前列，做出自己的努力。为了迎接 21 世纪的繁荣浪潮，松下电器该怎么做呢？这是一个非常重大的问题。

从松下电器自身状况而言，昭和五十三年（1978年）松下电器将迎来创业六十周年，相当于人的一甲子。也就是说，松下电器迎来了重生之年。松下电器所处的社会环境也发生了翻天覆地的变化，经过二战后三十余年的发展，人们拥有的物资非常丰富，但是在精神方面却出现迷茫、混乱的现象，一些不良的社会问题层出不穷。

在此背景下，为了坚实有力地走向 21 世纪，松下电器需要重回原点，不忘初心，找到新的前进方向。员工的精神面貌也要焕然一新，迈出新的步伐。只有这样，松下电器才能以崭新之姿迎来 21 世纪的繁荣。

在考虑这些问题的时候，我又以健康为由辞去了会长之职，担任顾问一职。会长就由社长继任，由此社长的职位就空缺了。该由谁来担任呢？当时的四名副社长谁都可以胜任社长一职。

但这时我想到的是，作为迈向 21 世纪的松下电器的社长，什么是他必备的条件呢？首先他必须是一个能够带领企业不断迈进，为创造繁荣做出贡献的人。为达此目的，这个社长必须在相当长的岁月里不断创新，并将每一项革新付诸实施并获得成果。而要持之以恒地做到这一点，这个新社长至少还能连续工作十年。

　　我把这个想法一说，大家都很赞成，于是就根据这个标准开始选拔新社长。

　　仔细想来，这种选拔方式与许多公司的做法确实大相径庭，有违常规。一般而言，从副社长或再低一层级的人选中选拔社长较为妥当。因此松下电器这种不同寻常的选拔方式有可能招致世间的非议，这是可以想象到的。

　　如果选择一个平常时期的新社长，那么采用世间普遍的选拔方式并无不可。不过，正如前文所述，今后将迎来 21 世纪的变革，选拔方式也必须与此相适应。由此，选择范围大为拓宽，甚至从普通职员中选拔一位社长都有可能，更不用说从那些中高层管理人员中选拔了。

　　最终推选出来的是山下新社长。现在山下就任社长已经两年，当初他还为社长工作的繁忙而感到吃不消，但是最近已经完全适应了，干得非常好。

　　今天，松下电器为创建繁荣，正以焕然一新的面貌朝着 21 世纪不断迈进。

后记

　　本书围绕着决断这一主题，结合我的种种经历，讲述了我的体会。但核心的一点，无非是告诉大家，做决断之人，在该决断时则必须做出决断，此所谓当断则断。当然我们不可做出错误的决断，但如果因为畏惧而优柔寡断，迟疑不决，则事情不可能有进展，也不会有任何新事物孕育而生。

　　为了避免错误的决断，我们要集思广益，反复叩问自身，以何为正确作为判断的标准，这是非常重要的。在该做出决断时，要勇于决断。

当然，决断往往伴随着责任，如果一心想着要逃避责任，那是不可能做出正确的决断的。非但如此，甚至连决断也做不出来，这会使事情停滞，招致混乱。

因此，做决断之人首先要有承担责任的自觉。只要有这种自觉，每逢大事，他就比较容易适时适地地做出决断。

让我们在该做出决断时，拿出勇气来，做出正确的决断，为开辟美好的未来，脚踏实地，奋勇迈进。

本书中文简体字版由日本PHP研究所授权人民邮电出版社
在中国大陆地区出版。未经许可不得以任何方式复制或抄袭
本书的任何部分。版权所有，侵权必究。